AF525464

Mengler/Kraus

WEINE VERKOSTEN

HERMANN MENGLER/STEFAN KRAUS

WEINE VERKOSTEN

DAS SENSORIK-SEMINAR

Inhaltsverzeichnis

Vorwort

Der zarte Duft von Himbeeren oder weißen Blüten, ein Hauch von Grapefruit oder fein gegerbtem Leder? Dies alles in einem einzigen Glas Wein?
Während sich viele Weinfreunde fragen, ob all diese Aromen zur Charakterisierung eines Weines überhaupt nötig sind, ob es nicht ausreicht, dass ein Wein gut duftet und vor allem gut schmeckt, und sie hinter den manchmal komplexen Beschreibungen, in denen selbst von grünen Nüssen die Rede sein kann, gar ein Komplott von sogenannten Weinkennern, Weinexperten und Sommeliers vermuten, ist eine Tatsache nicht von der Hand zu weisen: Aromen prägen einen Wein.
Doch um einen Wein in seiner Gesamtheit zu erfassen und ihn im wahrsten Sinne des Wortes zu erleben, ist nicht nur die Nase gefordert. Das Auge, die Zunge und der Gaumen sind ebenso gefragt.
Wie diese Sinne funktionieren, wie Aromen und Düfte entstehen, die unsere Sinne ansprechen, und wie man diese Sinne, sei es positiv oder negativ, beeinflussen kann, erklärt dieses Buch sehr anschaulich.
Um den Leser nicht alleine zu lassen mit all dem theoretischen Wissen, werden praktische Beispiele angeboten:
Anleitungen für spannende (Selbst-)Versuche.
So nimmt dieses Werk den Leser mit auf eine ungewöhnliche Reise in die Welt der Sinne. Und da die Sinne beim Degustieren von Weinen nicht immer nur Angenehmes wahrnehmen, werden auch die Fehler im Wein angesprochen, die mit trainierten Sinnen gut wahrzunehmen sind. So ist dieses Buch nicht nur eine wertvolle Hilfe für die beschreibende Sensorik der schönen Aspekte des Weins, sondern auch für seine Schattenseiten.
Ich freue mich, dieses Werk in meiner Bibliothek zu haben. Dort ist es keine Dekoration, sondern eine gut genutzte Quelle für Weinwissen, die so in kaum einem Weinlexikon zu finden ist.
Den Lesern dieses Buches kann ich nur nützliche Informationen, interessante Erkenntnisse und viel Vergnügen bei der Lektüre wünschen.

Markus Del Monego
Master of Wine/Weltmeister der Sommeliers

An den Weinfreund

Auf den Geschmack zu kommen ist eine Kunst. Kunst ist ein Stück Freiheit. Freiheit ist Lebensqualität. Wer Geschmack hat, dem sind auch „die Dinge“ (...Kleidung, Möbel, Weine...) nicht gleichgültig.
Geschmack zu haben und ihn reflektiert zu vertreten, bedeutet der Gleichgültigkeit zu widerstehen. Der bewusste Umgang mit unseren Sinnen öffnet uns die Welt zu unserem eigenen Geschmack und führt uns in die Welt des Genusses. Genuss ist keine Wissenschaft, sondern natürliches, sinnliches Empfinden.
In diesem Buch werden Sie mehr über das Zusammenspiel der Sinne erfahren und wie uns beim Genießen und der Kunst des Verkostens (Degustation) die Sensorik den richtigen Gebrauch unserer Sinne lehrt.
Mithilfe dieses Buches können Sie nicht nur ihre Genussfähigkeit steigern, sondern auch Ihre Fähigkeit, Weine zu beschreiben und mit anderen Menschen kenntnisreich über sie zu sprechen.

Lernen Sie zu genießen!
Dann werden Sie auch für andere genießbarer.

An den Weinfachmann

Es ist etwas Wunderbares, Weine erzeugen zu dürfen. Als erfahrene Winzer, Kellermeister und Oenologen wissen Sie, wovon ich spreche: die leuchtenden Augen von Weintrinkern – kann man hier noch von Kunden sprechen? –, die soeben vor der Qualität des selbst erzeugten Weines niederknien.
Niemand denkt in solchen Momenten an die vielen Fragen und die mühselige Arbeit während des Weinanbaus und der Kellerwirtschaft. Wein, Weinerzeuger und Weintrinker sind eins geworden.
Damit solche glücklichen Momente des Genusses überwiegen, ist die Sensorik (Degustation) als ständiges Mittel der Qualitätskontrolle – vor, während und nach der Abfüllung des Weines – äußerst wichtig. Welche Philosophie Sie auch vertreten: Lernen Sie sicher und gut zu verkosten. Nutzen Sie jede Gelegenheit, Weine unterschiedlicher Herkunft intensiv zu beurteilen, und sprechen Sie mit Kollegen über ihre Eindrücke und Empfindungen.
Dieses Buch zeigt Ihnen Methoden, wie Sie Schwächen analysieren und Stärken trainieren können. Wer sicher verkosten kann, macht zwangsläufig einen besseren Wein.

Wer gute Weine erzeugen will, muss wissen, wie gute Weine schmecken.

GRUNDLAGEN DER SENSORIK

Sensorik ist die Prüfung der sinnlich wahrnehmbaren Eigenschaften eines Produktes. Man nutzt dabei die menschlichen Sinnesorgane, um die optischen, geruchlichen (olfaktorischen) und geschmacklichen (gustatorischen) Eigenschaften von Weinen zu charakterisieren.

Seit jeher werden sensorische Prüfungen an Nahrungsmitteln vorgenommen, deren Geschmacksmerkmale wesentlich von der Verarbeitung und Verfeinerung der Rohprodukte abhängen. Besonders Gärungsprozesse bestimmen bei vielen Nahrungs- und Genussmitteln, wie Wein, Bier, Tee und Kaffee, den jeweiligen Geschmack.

Wein ist pflanzlicher Herkunft. Durch biochemische Prozesse werden aus den in der Traube durch die Fotosynthese erzeugten Zuckermolekülen Alkohol, Kohlensäure und weitere wertbestimmende Weininhaltsstoffe gebildet. Die kleinklimatischen Verhältnisse, vor allem in unseren Breiten, sorgen für eine ständige Anspannung im Hinblick auf die Qualität der Trauben und den daraus gewonnenen Weinen. Zusätzlich wurden in den letzten Jahrzehnten neue Technologien zur Herstellung eingeführt, die dazu beitragen die Qualität der Weine zu erhalten oder sogar zu steigern.

Nicht selten korreliert die Auffassung des Erzeugers bezüglich der Weinqualität wenig mit der des Konsumenten. Dennoch: Wenn der Konsument von Qualität beim Wein spricht, versteht er darunter immer die sensorische Qualität, also das Geruchs- und Geschmacksprofil des verkosteten Weines.

Ob ein Wein qualitativ überzeugt, kann aber auch vom ideellen und vom materiellen Wertmaß des jeweiligen Konsumenten (Verkosters) abhängen. Und deshalb wird es die „absolute Qualität“ nicht geben können.

„Die Qualität ist kein Ding: Sie existiert nicht aus sich selbst.“ (PEYNAUD, 1984) Qualität ist als die Summe wertgebender Eigenschaften eines Weines anzusehen, die objektiv bestimmbar sein sollte; in vielen Fällen ist sie freilich nur subjektiv erfahrbar.

Mittels modernster Analytik lassen sich heute Identität und Kenngrößen von Weinen ziemlich genau bestimmen. Zudem gibt es gesetzlich festgesetzte Mindestgehalte, die eingehalten werden müssen, um die Verkehrsfähigkeit eines Weines zu garantieren. Doch bei all der Wiederholbarkeit und Vergleichbarkeit der analytischen Daten, der Grenzwerte und Toleranzen, gebührt dem Genusswert zweifellos die größte Bedeutung.

Mit großer Sicherheit ist anzunehmen, dass sich der heutige Verbraucher zu der Auffassung bekennt, der Genusswert gehöre zum Grundnutzen der Nahrung (STÜBLER, 1968). Die Beurteilung des Genusswertes eines Weines stützt sich dabei auf Merkmale wie Farbe, Klarheit, Geruch und Geschmack.

Zur Erkennung und Beurteilung dieser Eigenschaften dienen in erster Linie die Sinnesorgane. Erst in zweiter Linie kommen objektive Messver-

Unsere Sinne können eine Menge. Die Gesamtheit der Wahrnehmung wird als Flavor bezeichnet.

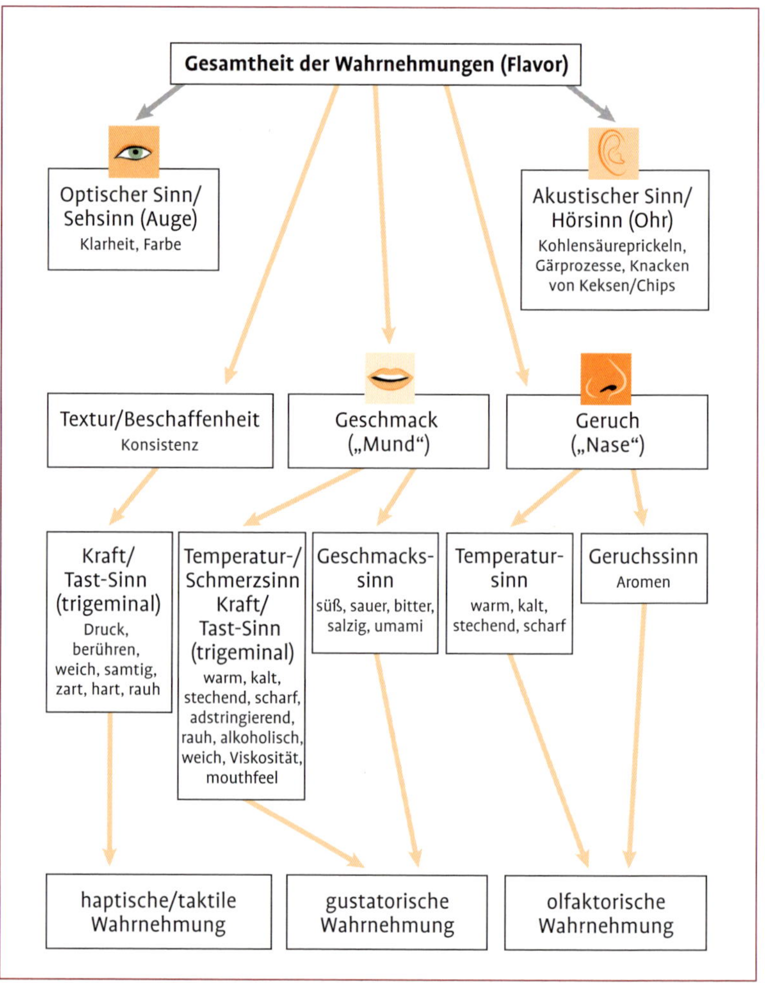

fahren zur Anwendung, wie z. B. die Bestimmung der Trübung oder die quantitative chemische Bestimmung bestimmter flüchtiger Aromastoffe.

DIE SINNE BEI DER DEGUSTATION

Für die sensorische Prüfung ist es wichtig den Aufbau und die Funktionsweise der für die Degustation wichtigen Sinnesorgane zu kennen. In der deutschen Wahrnehmungspsychologie werden Geruch, Geschmack und Tastsinn den niederen Sinnen zugeordnet, während Sehen und Hören als höhere Sinne gelten. Reize, die den Sehsinn stimulieren, werden zehnmal schneller an das Gehirn weitergeleitet und zwanzigmal wichtiger genommen als Informationen die uns über die Zunge oder die Riechschleimhäute erreichen. Zurückzuführen ist dies auf die funktionelle

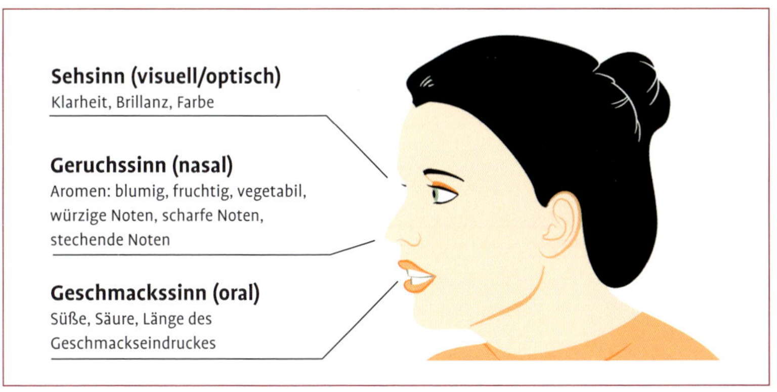

Diese Sinne brauchen wir beim Verkosten. Und wir können Sie schulen!

Überlegenheit von Sehsinn und Gehör gegenüber der chemosensorischen Wahrnehmung. Diese vergleichsweise dominante Position der höheren Sinne in fast allen Verhaltensbereichen des Menschen kann zu Problemen bei der objektiven Weinbeurteilung führen.

Im Vergleich zum Sehsinn erscheinen die chemosensorischen Sinne (Geruch und Geschmack) in der Tat primitiv (lat.: der Erste in seiner Art), da die Chemorezeption in der Evolution wesentlich früher auftrat als das Sehen, Hören oder auch Tasten. Primitiv erscheinen die niederen Sinne aber vor allem deshalb, weil sie hauptsächlich mit den niederen Instinkten wie der Nahrungsaufnahme (Hunger und Durst), der Sexualität und den für diese beiden Funktionen programmierten Lustempfindungen in Zusammenhang stehen. Und genau hier könnte das Problem begründet liegen, objektiv und zuverlässig zu urteilen. Durch diese Subjektivität kommt es zur vergleichsweise geringen Verlässlichkeit der Riech- und Geschmackswahrnehmung beim Menschen im Vergleich mit den höheren Sinnen.

Ein eben noch als angenehm empfundener Duft, beispielsweise von geröstetem Fleisch, kann wenig später, wenn man gesättigt ist, Ekel und Widerwillen hervorrufen.

Hinsichtlich der Effizienz der Verarbeitungsgeschwindigkeit und der Informationsdichte erreichen die chemosensorischen Sinne ebenfalls nicht annähernd die Leistungsfähigkeit der audio-visuellen Wahrnehmung. Dies zeigt bereits die Ausdehnung des räumlichen Bereichs, in dem wir sensorisch etwas wahrnehmen können. Während Geruchs- und Geschmackssinn nur Objekte erkennen können, die sich in unmittelbarem Kontakt mit dem Wahrnehmungsorgan (Geschmackssinn) oder in der näheren Umgebung (Geruchssinn) befinden, können wir mit dem Gehör Entfernungen von mehreren Kilometern (Gewitter) und mit unserem Sehsinn gar Distanzen von vielen Lichtjahren überwinden (Betrachtung von Himmelskörpern).

Komplexe Prozesse der Informationsübermittlung, etwa Sprache und Symbolverständnis, basieren ebenfalls auf der audio-visuellen Wahrnehmung und werden überwiegend von den höheren Sinnen erfasst. Die Gefühle eines anderen Menschen erkennen wir beispielsweise aufgrund der Deutung seines Gesichtsausdrucks, der Körpersprache oder bestimmter Merkmale seiner Stimme.

Die menschlichen Sinne und deren Arbeitsweise sind hochaktuelle Forschungsthemen. Besonders die Nahrungsmittelindustrie hat ein gesteigertes Interesse um den Mechanismus menschlicher Sinne. 2004 gab es einen Nobelpreis für Linda Buck und Richard Axel für die Aufklärung der Funktionsweise unseres Geruchssinnes (Hatt. H.: Dem Rätsel des Riechen auf der Spur, 2006).

Geruchssinn

Der Geruchssinn wird den fünf klassischen Sinnen (Sehen, Hören, Tasten, Schmecken, Riechen) zugeordnet. Vereinzelt kann man auch den Begriff Modalität lesen, da auch der Gleichgewichts- und der Temperatursinn sowie die Wahrnehmung von Vibrationen als eigenständige Sinne angesehen werden können.

Im Bereich der chemosensorischen Wahrnehmung wird unterschieden zwischen zwei sensorischen Systemen: dem olfaktorischen System und dem nasaltrigeminalen System. Eine Trennung dieser beiden Systeme ist allerdings für die Weinsensorik unerheblich, da bei der Erfassung von Riechempfindungen nicht differenziert werden muss. Alle Befunde zur olfaktorischen Wahrnehmung beziehen sich also stets auf Empfindungen, an denen möglicherweise auch das trigeminale System beteiligt ist.

Morphologie der Nase

Der sichtbare Teil der menschlichen Nase hat für die Sensorik kaum Bedeutung. Der für die Sensorik weitaus wichtigere Teil ist die innere Nase, siehe Abbildung unten.

Durch die beiden Nasenöffnungen wird die Atemluft in die Nasenhöhlen geführt. Diese münden im Nasenrachen, der in die Mundhöhle übergeht. Mund- und Nasenhöhle stehen also in enger Verbindung. In jeder Nasenhöhle befinden sich muschelartige Gebilde (*Conchen*), die von den Außenwänden in den Naseninnenraum hineinragen und so den

Nasenhöhle, Mundhöhle und Rachen (Doty 1984)

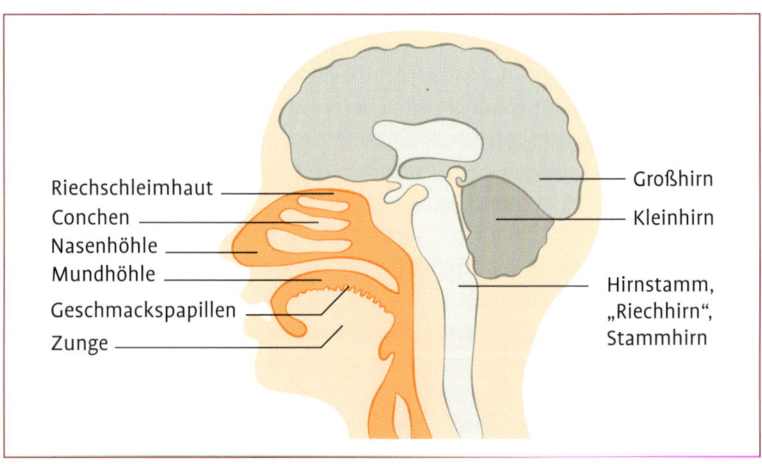

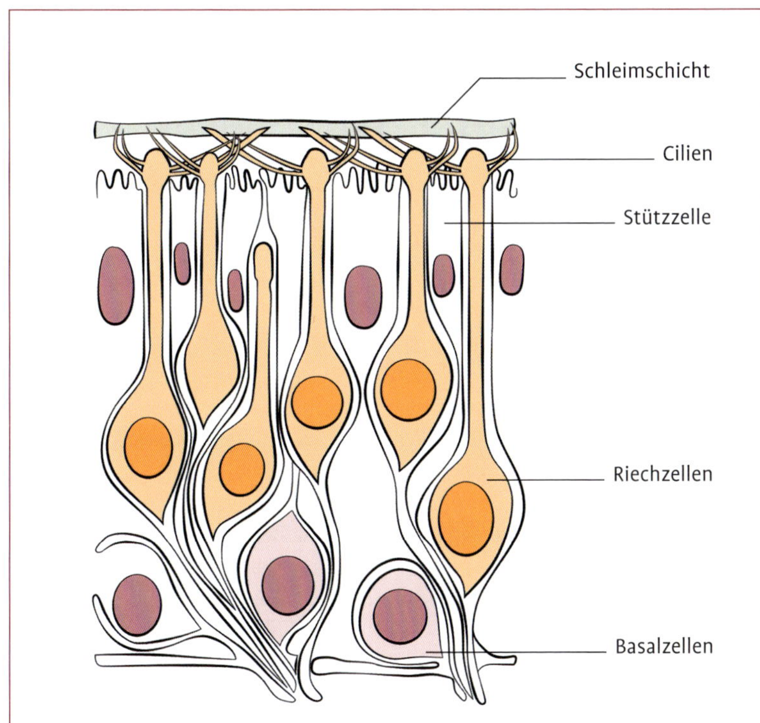

Übersicht der Zellelemente in der menschlichen Riechschleimhaut (Regio olfactoria) (BURDACH 1987)

Luftstrom kanalisieren. Fast der gesamte Bereich des Naseninnern ist mit einer Schleimhaut ausgekleidet. Die Riechschleimhaut befindet sich in der Gegend des Nasendaches, und zwar vor allem auf der obersten Muschel.

Die Nase hat mehrere Funktionen. Zum einen ist sie dafür zuständig den Transport sauerstoffhaltiger Luft (ca. 250 ml/sec.) in die Lungen zu gewährleisten. Zum anderen sorgt die Morphologie der Nase für die Erwärmung, Reinigung (Nasenhärchen) und Befeuchtung (Nasenschleimhaut) der einströmenden Luft. Die Luftfeuchtigkeit der eingeatmeten Luft kann so von 35% auf 80% erhöht werden.

Die Nase führt eine chemosensorische Analyse der Atemluft durch. Auf diese Weise erhält der Organismus Informationen, welche Reizstoffe in der Luft enthalten sind. Dies dient sowohl der Aromenerkennung wie auch der Vermeidung von Gefahren (erhöhte Aufmerksamkeit bei Brandgeruch, Fluchtreiz).

Nervöse Codierung

Für die geruchliche (olfaktorische) Wahrnehmung sind vor allem die etwa 100 Mio. Riechzellen der Riechschleimhaut (*regio olfactoria*) mit ihren Sinneshaaren (*Cilien*) verantwortlich. Sie sind als primäre Sinneszellen angelegt und für die Codierung der chemischen in nervale Reize verantwortlich.

Wenn eine olfaktorische Rezeptorzelle durch einen chemischen Reiz erregt wird, wandelt sie diesen in ein nervales Signal um. Die markscheidenlosen, zu Strängen gebündelten Axone (*fila olfactoria*) leiten den Reiz zu den im Gehirn befindlichen Riechkolben (*Bulbi olfactorii*) weiter. Hier, im limbischen System, beginnt nun die zentralnervöse Verarbeitung der Duftinformation, die letztlich die Identifizierung des Duftes bzw. Aromas ermöglicht.

Psychophysiologie

Anders als bei der visuellen Wahrnehmung ist ein erstes Problem der Riechforschung die Unkenntnis des adäquaten Reizes: Es ist noch nicht gelungen, die physikalisch-chemischen Merkmale von Gasen zu identifizieren, die Riechempfindungen auslösen.

Das zweite Problem betrifft die Reizkontrolle und die Reizkonstanz. Die Schwierigkeiten beginnen bereits bei der Beschaffung der Stimulantien. Nicht selten besitzen handelsübliche Duftstoffe nicht die für sensorische Experimente erforderliche chemische Reinheit.

Die Aromakonzentrationen liegen deutlich unter denen der Geschmacksstoffe (Zuckergehalte 4–100 g/l, Aromastoffe 0,0015 g/l). Die hohe Sensibilität der chemosensorischen Sinne ermöglicht jedoch auch die Wahrnehmung unvorstellbar geringer Mengen eines Duftstoffes (Schwefelwasserstoff 0,00047 ppm).

Das dritte Problem der olfaktorischen Forschung betrifft die Beeinflussung der Duftwahrnehmung durch den Hormon- und Motivations-Status der Person. Dies zeigt sich vor allem bei der hedonistischen Bewertung von Nahrungsmitteln. Hat der Proband Hunger und somit die Motivation Nahrung aufzunehmen, so werden Düfte von Nahrungsmitteln, wie etwa von gebratenem Fleisch oder gekochtem Gemüse, als angenehm empfunden. Ist der Proband stattdessen satt, können dieselben Gerüche jedoch als unangenehm wahrgenommen werden.

Reiz- und Empfindungsintensität

Die Wertung von sensorischen Ergebnissen unterliegt häufig einer großen Schwankung durch eine unterschiedliche Reiz- und Empfindungsintensität bei den Testpersonen. Zur absoluten Reizschwelle liegen in der Literatur Angaben für mehrere hundert Duftstoffe vor. Zwischen sensorisch stark wirksamen Substanzen(z. B. Schwefelwasserstoff mit 0,00047 ppm) und solchen Riechstoffen, die erst in relativ hoher Konzentration wahrgenommen werden (z. B. Dimethylacetamid mit 46,8 ppm), gibt es Unterschiede in den Schwellenwertkonzentrationen in der Größenordnung von sieben bis acht Zehner-Potenzen.

Adaptation

Wird unser Geruchssinn mit einem Duftreiz konfrontiert, dessen Intensität über einen bestimmten Zeitraum hinweg etwa konstant bleibt, dann kommt es zu einer Adaptation (Gewöhnung). Es entsteht der Eindruck, als ob der Geruch langsam schwächer würde; es kann sogar dazu führen, dass der Duft überhaupt nicht mehr wahrgenommen wird.

Bei sehr starken Duftreizen werden die ausgelösten Empfindungen dagegen zwar vermindert, aber bleiben erhalten. Nach Beendigung des Duftreizes wird die ursprüngliche Sensibilität langsam wieder aufgebaut, es kommt also zu einer Erholung (recovery, Deadaptation) des sensorischen Systems.

Dieses Phänomen kennen wir auch aus eigener Erfahrung: Wenn sich eine Gruppe von Personen längere Zeit in einem geschlossenen Raum aufhält, kommt es zur einem erhöhten Verbrauch von Sauerstoff; die Luftqualität nimmt ab. Solange man sich dort aufhält, wird einem diese Qualitätsminderung nicht auffallen (Adaption). Verlässt man jedoch den Raum und kehrt nach einiger Zeit wieder zurück (Deadaption), wird man die „dicke Luft“ sofort bemerken.

Auch bei der Verkostung von Weinen, die aufgrund der inneren Umwelt bestimmte Geruchsfehler aufweisen, kann eine Verkostung innerhalb der Emmissionsräume (z. B. Weinkeller) dazu führen, dass der Fehler nicht wahrgenommen wird. Erst die Verkostung in anderer (geruchsneutraler) Umgebung wird der Geruchsfehler erkennbar.

Der zeitliche Verlauf und die Ausprägung der Adaptation oder Deadaptation hängen im Wesentlichen von der Beschaffenheit des Riechstoffs, dessen Konzentration und der Dauer des Reizes ab. Insgesamt darf die Adaptation nicht als sensorische Ermüdung angesehen werden. Vielmehr hat sie eine durchaus nützliche, unter Umständen sogar, überlebenswichtige Funktion der Informationsverarbeitung.

Zur Adaptation gesellt sich auch die Habituation (Gewöhnung) und die Kreuzadaptation (cross adaptation). Die Differenzierung dieser Vorgänge ist in der Weinsensorik jedoch nicht bedeutsam, da all diese Prozesse zu einer Desensibilisierung führen.

Duftquellen, die über längere Zeit wirken, also eine konstante Reizung auslösen, sind für den Menschen grundsätzlich weniger bedeutsam als solche, die neu hinzukommen und möglicherweise eine rasche Verhaltensänderung erfordern.

Duftqualität

Der Geruchssinn unterscheidet sich von allen anderen Sinnen dadurch, dass die Sprache für Dufteindrücke keine spezifischen Empfindungskategorien bereitstellt. Während bei der Beschreibung von z.B. optischen Eindrücken besondere Wörter wie rot oder weich zur Verfügung stehen, ist das bei Duftempfindungen meist nicht der Fall. Man bedient sich somit hinreichend genauer Vergleiche. Der Wahrnehmung von optischen Qualitäten, wie Farben, lassen sich sogar physikalisch messbare Dimensionen (Wellenlänge des Lichts) zuordnen. Dies gilt für die geruchliche Wahrnehmung nicht, weshalb man vergleichende Ausdrücke zur Beschreibung verwendet: Es riecht blumig oder knoblauchartig, erinnert an Apfel. Wir verwenden also eine externe Charakterisierung, weil wir über eine interne Bezeichnung für den entsprechenden Dufteindruck nicht verfügen. Geht man von etwa zehntausend unterscheidbaren Grundduftnoten aus (Boeckh, 1973) und rechnet die überwältigende Anzahl neuer Duftnoten durch Mischungen hinzu, so wird die Anzahl unüberschaubar.

Der Zusammenhang zwischen Qualität und Intensität der Riechwahrnehmung ist oft entscheidend für die empfundene Duftqualität.

Mit ansteigender Konzentration ändert sich häufig nicht nur die Empfindungsintensität, sondern auch die Qualität eines Duftstoffes. So riecht z. B. Ionon, ein in der Rebsorte Traminer häufig vorkommender Duftstoff, in geringen Konzentrationen nach Veilchen, in hohen Konzentrationen dagegen holzartig. Hierbei ist auch zu bedenken, dass nie ein einziger Aromastoff das Erscheinungsbild eines Weines widerspiegelt, sondern die Duftmischung die Weinbeurteilung deutlich erschwert.

Riechschärfe

Unter Riechschärfe (odor acuity) versteht man, analog etwa zur Sehschärfe, die Sensibilität für die Wahrnehmung von Duftstoffen. Die Schwellenwerte für Duftstoffe können von Mensch zu Mensch sehr unterschiedlich ausgeprägt sein. Der „University of Pennsylvania Smell identification Test" (UPSIT) zeigt, dass zwar eine hohe Variabilität in der olfaktorischen Wahrnehmung erkennbar ist, aber dennoch eine klare Unterscheidung zwischen Personen mit normalem Riechvermögen und Menschen mit Riechstörungen (Anosmikern) vorgenommen werden kann.

Den wohl größten Einfluss auf die Riechschärfe besitzt der Hormonstatus. LeMagnen (1952) konnte als erster zeigen, dass bei Frauen die Sensibilität für Duftstoffe des Moschustyps von Beginn des Menstruationszyklus bis zur Ovulation (und dem damit einhergehenden Anstieg des Östrogenspiegels) zunimmt. Dies könnte ein Grund dafür sein, dass Frauen im Vergleich zu Männern eine höhere Riechschärfe besitzen. Die Ausprägung der Riechschärfe wird aber auch durch den Konsum von Alkohol und Drogen, Farbenblindheit und hohes Alter beeinflusst. Der Konsum von Alkohol und Drogen führt zu einer Zunahme der Riechschärfe, während Farbenblindheit und hohes Alter offenbar zu einer verringerten Riechschärfe führen können. Im Zusammenhang mit Zigarettenkonsum konnte keine Minderung der Riechschärfe nachgewiesen werden. Die Regenerationsfähigkeit der Riechschleimhaut wird durch Tabakrauch offenbar nicht beeinträchtigt.

Ein möglicher Erklärungsansatz für die hohe Variabilität der Riechschärfe ist das Phänomen der teilweisen Anosmie. Wir wissen, dass der Duft von Bittermandeln oder Styrol in Weinen von einem gewissen Prozentsatz der Bevölkerung nicht wahrgenommen wird. Die Ursachen von teilweisen und spezifischen Anosmien sind derzeit jedoch noch nicht bekannt.

Dufthedonik

Vergleicht man die hedonistische Wahrnehmung eines Geruchs mit den Sinneswahrnehmungen Sehen, Hören oder Tasten, so stellt man fest, dass die Duftwahrnehmung in deutlich stärkerem Maße emotionale Eindrücke hinterlässt. Es ist beispielsweise schwer möglich, sich der abschreckenden Wirkung eines unangenehmen Geruchs (Stinkbombe) oder bei entsprechender Motivationslage (Hunger, Durst) der attraktiven Düfte eines Essens oder Getränkes zu entziehen. Aus der Aroma-Therapie wissen wir, dass der Geruch von Zitrone Frische und Lebensgefühl suggeriert. Dies macht man sich im Alltag zunutze, indem man in Großraumbüros über die Klimaanlage, in Bahnhöfen oder Flughäfen lebensbejahende Aromen verströmt, die einen positive Einfluss auf die Qualität der Empfindung bzw. Arbeit haben.

Die Frage, nach welchen Gesichtspunkten Düfte als positiv oder negativ bewertet werden, lässt sich nicht eindeutig beantworten. Von den bekannten 400 000 Duftstoffen werden nur etwa 20% als attraktiv eingestuft, während die restlichen 80% entweder als neutral oder unangenehm empfunden werden (Hamanzu 1969).

Bleibt noch das Problem der individuellen Übereinstimmung bei der hedonistischen Bewertung von Duftstoffen. Klar scheint zu sein, dass die Übereinstimmung an den beiden Polen der hedonistischen Skala, also bei besonders angenehmen oder besonders unangenehmen Düften, höher ist als im mittleren Bereich. Wasserstoffmercaptane werden praktisch ausnahmslos als unangenehm empfunden. Im mittleren Bereich der hedonistischen Skala gibt es oftmals wenig Übereinstimmung, sodass die Duftbewertung hier möglichst durch zusätzliche Faktoren wie Konditionierungs- und Lernprozesse gesteigert werden muss. Zudem kommen hier persönliche Vorzüge zum Tragen: So kann der typische Geruch eines Pferdestalls (z.B. Ethylphenol, bei Weinen mit Brettanomycesnoten) auf einen passionierten Reiter sehr positiv wirken, den Nicht-Pferde-Liebhaber dagegen eher abstoßen. Ob positiv oder negativ, koerreliert nicht selten mit den subjektiven Gewohnheiten.

Schwache Duftstoff-Konzentrationen werden meist als angenehmer empfunden als intensive (penetrante) Gerüche. Natürliche Duftstoffe wie Blumen-, oder Fruchtaromen werden generell chemischen Substanzen vorgezogen.

Wann entstehen diese hedonistischen Referenzstrukturen bei der Bewertung von Düften? Sind sie angeboren, oder entwickeln sie sich erst im Verlauf der individuellen Reifung und Sozialisation? (Steiner 1979) fotografierte die mimischen Reaktionen von Neugeborenen nach Stimulation der Zunge mit gustatorischen Nasalreizen (süß, sauer, salzig und bitter) und der Nase mit Duftstoffen verschiedener Qualitäten. Durch die gustatorische Reizung entstand ein stabiles Reaktionsmuster, etwa ein Ausdruck von Genuss bei süßen oder von Unlust bei bitteren Substanzen.

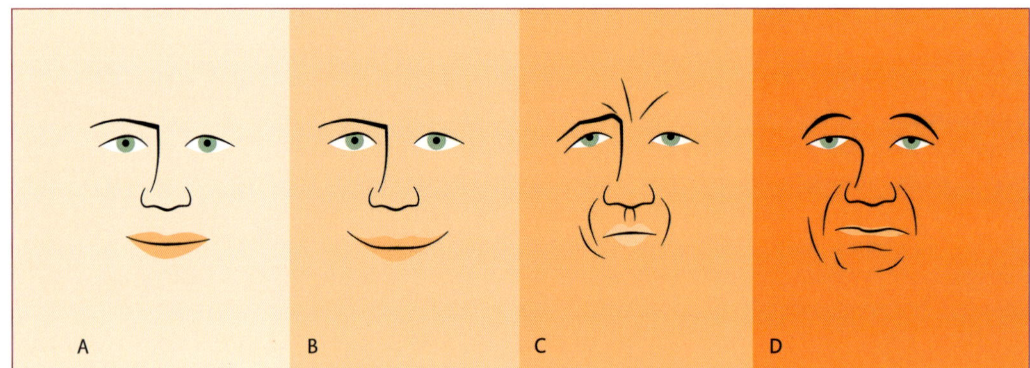

Gustofaziale Reaktionen:
- destilliertes Wasser (A)
- süß (B)
- sauer (C)
- bittere (D)

Die olfaktorische Stimulation mit aromatischen Reizen zeigte jedoch kaum eine differenzierte mimische Reaktion. Hieraus kann man schließen, dass sich erst im Verlauf der Kindheit die hedonistische Bewertung von Duftstoffen entwickelt. Dies konnte auch durch die Untersuchungen von Stein u. a. (1958) und Lipsitt u. a. (1975) bestätigt werden.

Geschmackssinn

Bereits Aristoteles definierte als Geschmacksqualitäten die vier Primärempfindungen süß und salzig, sauer und bitter. Der aus der Psychophysik stammende Umami-Geschmack (Wohlgeschmack, Rezeptoren T1R1 + T1R3), gesellt sich zu diesen Grundgeschmacksarten. Dieser beruht auf Bausteinen von Eiweißmolekülen, wie Natrium-Gluatamat. Ausserdem sind die oral-trigeminalen Geschmackswahrnehmungen adstringierend, kühl, scharf und herb wichtige geschmackliche Wahrnehmungen. Mittlerweile wurde ein Fetttransporter CD36-Gens im Tierversuch

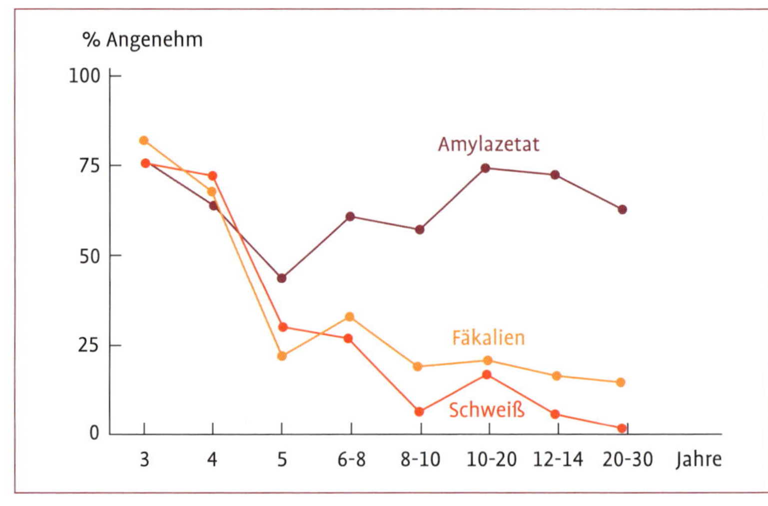

Manche Gerüche mögen wir, andere finden wir abstoßend. Diese Einteilung und Bewertung heiß *Hedonik*. Hedonistische Bewertung von Riechstoffen in verschiedenen Altersgruppen (Burdach 1987)

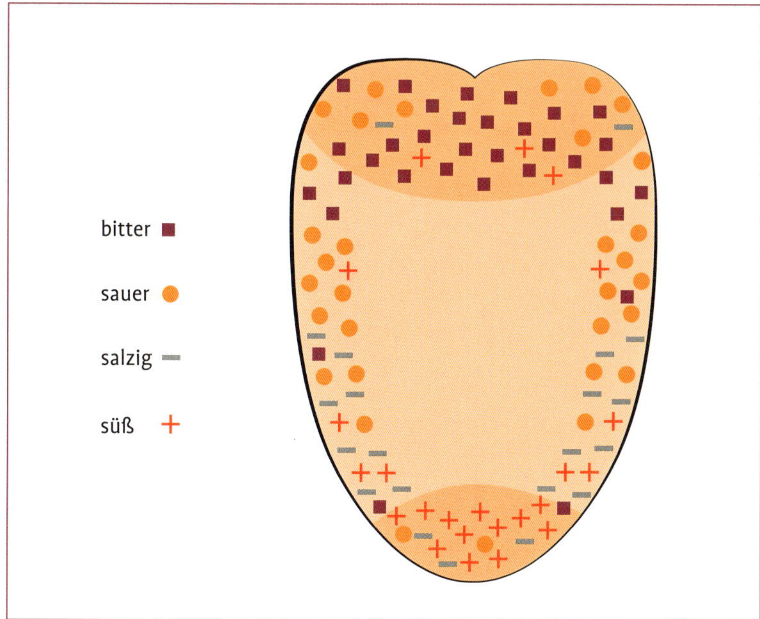

Sensorische Innervation der menschlichen Zunge und Verteilung der Vorzugsempfindlichkeit für Geschmacksqualitäten (links) (BURDACH 1987) Als Innervation bezeichnet man die funktionelle Versorgung eines Organs, eines Körperteils oder eines Gewebes mit Nervengewebe. Sie dient der Steuerung von Körpervorgängen durch Reizausübung und Reizwahrnehmung.

nachgewiesen. Somit könnte zukünftig Fett als sechster Geschmackseindruck zählen (Laugerette et.al.2005).

Morphologie von Mundhöhle und Zunge

Geschmacksempfindliche Sinneszellen befinden sich beim Menschen in verschiedenen Teilen der Mundhöhle, des Rachens und des Kehlkopfes. Für den Geschmackssinn sind vor allem der vordere Teil der Zungenoberfläche, die Randbereiche der Zunge sowie der Zungengrund von Bedeutung. Aber auch der weiche Gaumen und Bereiche der hinteren Rachenwand, sowie Teile des Kehlkopfes besitzen gewisse Geschmacksempfindlichkeiten. Doch der eigentliche Sitz des gustatorischen Geschmackssinns ist die Zunge mit ihren zahlreichen Rezeptorzellen.

Die Bereiche der Zunge lassen sich in unterschiedliche Areale einteilen, in denen jeweils eine der vier Geschmacksqualitäten dominiert.

Schon seit langem ist bekannt, dass die Zungenspitze besonders für süße Substanzen, aber auch für salzigen Geschmack, empfindlich ist. Die höchste Empfindlichkeit für Salziges besteht jedoch an den Zungenrändern. Bitterer Geschmack wird vor allem im Bereich des Zungengrundes wahrgenommen. Die Grundgeschmacksarten sind somit überall auf der Zunge wahrnehmbar, nur mit unterschiedlicher Intensität. Lediglich das ovale Zentrum der Zunge ist nicht geschmacksempfindlich.

Diese verschiedenen Geschmackszonen lassen sich auch durch ein einfaches Experiment selbst erfahren (→ Sensorik-Seminar, ab S. 143).

In die Schleimhaut der Zungenoberfläche sind verschiedenartig geformte Erhebungen eingebettet, die als Geschmacksknospen bezeichnet werden. Geschmacksknospen sind, besonders bei Kindern, auch in den sensiblen Bereichen außerhalb der Zunge anzutreffen. Jede Geschmacksknospe enthält etwa 40 bis 60 Sinneszellen.

Die Gesamtzahl der Geschmacksknospen, von denen sich etwa die Hälfte auf den Wallpapillen befindet, wird beim erwachsenen Menschen auf ca. 2000 geschätzt. Diese Zahl vermindert sich mit zunehmendem Lebensalter auf etwa 700.

Reiz- und Empfindungsintensität

Die quantitative Beziehung zwischen Reiz und Empfindung, also die klassische Frage der Psychophysik nach absoluten Schwellen, war Gegenstand vieler Untersuchungen in der Geschmacksforschung. Aufgrund der enormen Schwankungsbreite der Schwellenangaben kann geschlossen werden, dass es keine generellen Schwellenwerte gibt. Bei den Qualitäten sauer und salzig ist eine verhältnismäßig geringere Streuung gegeben, als bei den Qualitäten süß und bitter. Dies liegt vermutlich darin begründet, dass sauer und salzig in der Regel von Säuren und Salzen verursacht werden, während die Geschmacksqualitäten süß und bitter von vielerlei Substanzen hervorgerufen werden können.

Ebenso wie im geruchlichen Sinnesbereich sind auch die gustatorischen Unterschiedsschwellen relativ hoch, zwischen 0,1 und 1,0. Allein durch die Temperatur der Stimulus-Substanz werden unterschiedliche Reize ausgelöst. Bei Temperaturen unterhalb von 0° und oberhalb 50 °C büßt die Zunge ihre gustatorische Sensibilität nahezu vollständig ein (Skramlik, 1926).

Adaptation (Adaption) – Gewöhnung

Wie bei der Duftwahrnehmung, kommt es auch bei der Geschmacksanalyse bei kontinuierlicher Reizung der Zunge mit konstanter Intensität zu einer Abnahme der Sensibilität bzw. zu einem Anstieg der absoluten Schwelle.

Besonders überraschend ist die Tatsache, dass der Verlauf der Adaptationskurve von der Beschaffenheit des Stimulus und der Höhe der Konzentration abhängig und somit variabel ist. Die Erholungsphase nimmt dagegen, unabhängig von der Beschaffenheit des Reizstoffes, konstant 30 Sekunden in Anspruch. Daraus lässt sich schließen, dass der Abbau des Reizmaterials in erster Linie auf physikalisch-chemischem Wege stattfindet.

In der Geschmackswahrnehmung spielt die Kreuzadaptation eine große Rolle. Das Nachlassen der Sensibilität für einen bitteren Geschmack kann beispielsweise durch einen süßen Stimulus provoziert werden.

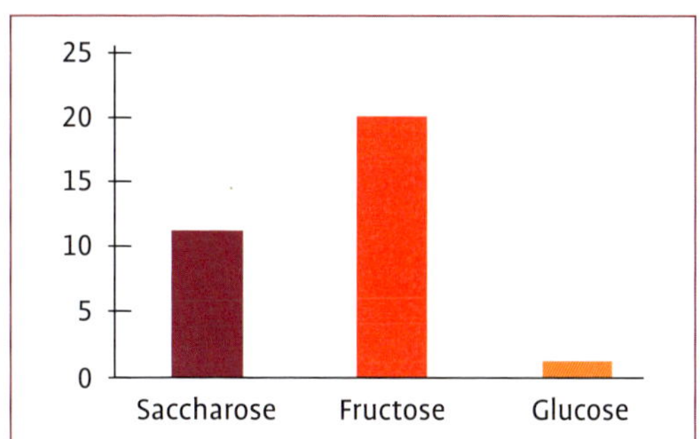

Klarer Sieger: Fructose! Hier wurden 32 Prüfer nach ihrer bevorzugten Süße befragt. Die Proben wurden je nach Süßkraft der Substanzen auf 6 g/l eingestellt.

Adaptiert man die Zunge eines Testers auf eine süße Substanz, so scheint ein nachfolgend applizierter saurer Testreiz saurer als in nichtadaptiertem Zustand. Dasselbe gilt umgekehrt. Es handelt sich also nicht um eine Verringerung der Reizschwelle der einen, sondern eine Erhöhung der Sensibilität für eine andere Substanz.

Wird die Zunge beispielsweise mit Saccharose auf süß adaptiert und nachfolgend mit destilliertem Wasser „gereizt", so wird dieses Wasser als schwach sauer empfunden.

Geschmacksqualitäten

Allgemein werden die Geschmacksqualitäten süß, salzig, sauer und bitter als die gustatorischen Primärempfindungen angesehen. Neben diesen vier Basalempfindungen gesellen sich noch gewisse Nebenqualitäten wie scharf, adstringierend (trigeminale Empfindung), herb, fade, alkoholisch (unspezifische Empfindung) und würzig.

Süß (spezifische Geschmackszellen, Rezeptoren T1R2 + T1R3)

Süße Empfindungen können durch eine Anzahl sehr unterschiedlicher Stoffe hervorgerufen werden. Meist sind es organische Substanzen; vor allem Zucker, Alkohole und einige Aminosäuren, aber auch Aldehyde und Ketone sowie viele Ester.

Der süße Geschmack in Weinen kommt von drei Zuckerarten, welche von Natur aus in Fruchtsäften vorkommen. Es handelt sich dabei um die Monosaccharide Glucose (Dextrose, Traubenzucker), Fructose (Leavulose, Fruchtzucker) und um das Disaccharid Saccharose (Kristallzucker, Rübenzucker, Rohrzucker).

Für die Weinbereitung ist wichtig, dass sowohl Glucose, Fructose und auch Saccharose von den Enzymen der Hefepilze vergoren werden können – die Saccharose wird vorher im sauren Milieu zu Glucose und Fructose gespalten (Inversion). Bei der Vergärung des Zuckers zu Alkohol wird primär die Glucose umgewandelt, sodass bei einem natürlichen Restzucker im Wein der Gehalt an Fructose überwiegt. Diese restzuckerhaltigen Weine weisen ein höheres Süßepotenzial auf, als der reine Ana-

Beispiele von Zuckergehalten in Fruchtsäften in % (Koch, Getränkebeurteilung 1986)			
Apfelsaft	2% Glucose	5,5% Fructose	2,5% Saccharose
Traubensaft	7% Glucose	8% Fructose	0,5% Saccharose
Orangensaft	3% Glucose	3% Fructose	6% Saccharose
Tomatensaft	2% Glucose	2% Fructose	–

lysewert vermuten lässt. Der Grund für diese Tatsache liegt in der höheren Süßkraft der Fructose gegenüber der Glucose: Sie ist mehr als doppelt so hoch (Saccharose 100, Glucose 60, Fructose 130).

Sauer (spezifische Geschmackszellen, Rezeptor TRPP3)
Ein saurer Geschmack wird immer durch Säuren hervorgerufen. Der Umkehrschluss ist jedoch nicht zutreffend, denn nicht alle Säuren schmecken sauer; einige Aminosäuren schmecken süß.

Die Intensität der Säureempfindung wächst mit dem Dissoziationsgrad der Säure. Organische Säuren schmecken im Vergleich zu Mineralsäuren saurer, als man aufgrund ihres pH-Wertes erwarten würde. Zwischen den chemischen und den sensorischen Eigenschaften ist also auch in diesem Bereich die Beziehung noch nicht vollständig geklärt.

Verschiedene im Wein vorkommende Säuren und ihre Stärke im Vergleich zur Weinsäure	
	1 g Weinsäure entspricht
Äpfelsäure	0,893 g
Zitronensäure	0,853 g
Milchsäure	1,200 g
Ascorbinsäure	2,352 g

Bei der Beurteilung von Weinen sind die organischen Säuren (Äpfelsäure, Weinsäure, Milchsäure) von Bedeutung. Bei der Entwicklung des sauren Eindrucks spielt die neutralisierende Wirkung des schwach alkalischen Speichels eine gewisse Rolle.

Die Gesamtsäure-Gehalte in Weißweinen liegen zwischen 4 g/l und 10 g/l, in Rotweinen zwischen 3 g/l und 6 g/l.

Allen Säuren gemein ist die Fähigkeit, Wasserstoffionen zu dissoziieren. Es liegt daher nahe, die saure Geschmackswahrnehmung mit der Wasserstoffionenkonzentration in Zusammenhang zu bringen.

Es besteht jedoch kein direkter Zusammenhang zwischen dem pH-Wert und dem sauren Geschmack (Harvey 1920). Viele Versuche und in der Literatur beschriebene Beobachtungen weisen dagegen auf die wichtige Rolle der undissoziierten Säuremoleküle für das Zustandekommen des sauren Geschmacks hin.

Als verbindendes Element zwischen den verschiedenen Säuren ist somit auch die undissoziierte Carboxylgruppe anzugeben, welche mit einem Rezeptor in Wechselwirkung treten kann. Mineralsäuren, welche auch in großer Verdünnung vollständig dissoziiert sind und doch sauer schmecken, sind als Lieferanten von Wasserstoffionen an der Ausbildung des sauren Geschmacks beteiligt.

Aufgrund einer gegenseitigen Abhängigkeit von Säure-, Puffer- und Wasserstoffionenkonzentration ist es nicht möglich eine Rangliste von Säuren in Bezug auf ihren sauren Geschmack aufzustellen. Einflussfaktoren für sauren Geschmack sind: Wasserstoffionen, undissoziierte Carboxylgruppen, Säureanionen mit weiteren undissoziierten Carboxylgruppen.

Es gibt aber auch Substanzen, die zu einer Abmilderung des sauren Geschmacks führen können. Der Gehalt an Mineralstoffen im Wein, wie z. B. Kalium spielt dabei eine Rolle. Kalium kommt in Wein in Größenordnungen von 400-1.200 mg/l vor und hat einen wesentlichen Einfluss auf die geschmacklichen Auswirkungen der weineigenen Säure.

Den wichtigsten Einfluss auf den sauren Geschmack hat aber der Zucker. In Studien im Hinblick auf die Reduktion des sauren Geschmacks im Wein wurden die Zuckermengen bestimmt, die einen höheren Säuregehalt geschmacklich neutralisieren können.

Basis = 0,7% Weinsäure. Die Menge in % Saccharose wurde hinzugegeben, welche die Degustatoren in 50% der Fälle als ausreichend erachteten (NOORDELOOS & NAGEL 1972)

% Weinsäure	% Saccharose	
	Gruppe 1	Gruppe 2
0,8	2,0	–
0,9	3,0	3,0
1,0	4,2	2,6
1,1	–	6,7
1,2	13,2	8,6

Alkohol selbst reduziert ebenfalls die Geschmacksempfindung „sauer“, da Äthanol einen leicht süßen Geschmack besitzt. Durch die Kaliumhydrogentartrat-Ausscheidungen (Weinstein) wird die Gesamtsäure reduziert und somit auch der saure Geschmack. Auch durch den biologischen Säureabbau wird die zweibasische Äpfelsäure in die einbasische, mildere Milchsäure umgewandelt. Zitronensäure wird als frisch, Weinsäure als hart und Äpfelsäure als grün empfunden.

Bitter (spezifische Geschmackszellen, Rezeptoren ca. 25 T2R)
Bittere Substanzen entstammen den verschiedensten chemischen Stoffgruppen. Während man die Substanzen, die saure und süße Eindrücke vermitteln, zumindest schwerpunktmäßig jeweils einer chemischen Kategorie (Säuren bzw. Sacchariden) zuordnen kann, umfassen die Bitterstoffe Substanzen von ganz unterschiedlicher chemischer Struktur.

So können anorganische Verbindungen wie Kalzium-, Ammonium- oder Magnesiumsalze, organische Stoffe wie Schwefel und Stickstoffgruppen sowie Amide, Aldehyde, Ketone und Ester zu den Bitterstoffen gezählt werden. Die niedrigen Reizschwellen für Bitterstoffe sprechen für eine positive Entwicklung der Evolution, da sie als Warnindikatoren bei Spei- und Würge-Reflexen eine große Rolle spielen. Zwischen den Qualitäten süß und bitter scheint eine gewisse chemische wie sensorische Verwandtschaft zu bestehen: Viele Süßstoffe (z. B. Saccharin) haben einen bitteren Beigeschmack, süße und bittere Substanzen sind oft strukturell eng verwandt.

Bitter ist im Übrigen auch diejenige Geschmacksqualität, die am häufigsten mit anderen, vor allem mit sauer verwechselt wird.

Bitterkeit ist die charakteristische Geschmackskomponente von Tonic-Getränken, von Orangen- und Zitronensaftgetränken. In diesen Getränken, aber auch in Rotweinen, ist deshalb ein bitterer Geschmackseindruck kein Qualitätsmangel. Das adstringierende Gefühl bei Rotweinen muss der Wirkung von Polyphenolen innerhalb bestimmter Molekulargewichtsgrenzen zugeschrieben werden (Haslam 1977). Diese Grenzen liegen zwischen 500 und 3000. Einfache Polyphenole wie Kaffeesäure, Catechin oder Anthocyane (Farbpigmente roter Trauben) sind nicht adstringierend.

Das Verschwinden der Adstringenz beim Reifen bestimmter Früchte hängt mit der Zunahme des Polykondensationsgrades der Polyphenole zusammen. Es fällt auf, dass kondensierte Polyphenole mit adstringierender Wirkung auch Gerbstoffeigenschaften besitzen, Enzyme inhibieren und durch Gelatineschönung oder durch Adsorption an Polyamidpräparaten entfernt werden können. Diese Reaktivität zu Eiweißmolekülen mag auch der Adstringenz zugrunde liegen. Es wird angenommen, dass der Effekt dadurch zustande kommt, dass die Proteine des Speichels ausgefällt werden, wodurch dieser seine Funktion als Gleitmittel verliert (Peynaud, 1984).

Salzig (einfach ein offener Kanal und somit in allen Geschmackszellen zu finden?)
Die Qualität salzig spielt in der Weinsensorik kaum eine Rolle. Eine Ausnahme machen die Muscadet-Weine von der Loire-Mündung. Allenfalls, wenn nach einer chemischen Entsäuerung zu starke Säureverluste eingetreten sind, können salzige Eindrücke wahrgenommen werden. Diese Weine haben einen leicht salzigen, eher pappigen Geschmack.

Geschmacksmischungen

Wie schon bei der olfaktorischen Wahrnehmung, können auch Geschmackseindrücke aufgrund von Mischung unterschiedlicher Substanzen verstärkt oder gemindert werden.

So konnte Kiesow bereits 1896 bei einer Mischung von Zucker und Kochsalz in hohen Konzentrationen feststellen, dass die Mischung als fad und geschmacklos beschrieben wurde. War dagegen die Zuckerlösung gegenüber dem Kochsalz dominierend, kam es zu einer deutlichen Verstärkung der Süße-Empfindung. Also wird der sensorische Eindruck von der Konzentration der Mischungskomponenten beeinflusst.

Kroeze (1982) kam zu dem Schluss, dass diese Synergieeffekte allein durch die Addition gleichartiger Empfindungen entstehen. Kochsalz beispielsweise schmeckt in sehr schwacher Konzentration leicht süß.

Geschmacksempfindlichkeit

Ebenso wie die Riechschärfe unterliegt auch die geschmackliche Sensibilität erheblichen, individuellen Schwankungen. Über mögliche Einflussgrößen wurden viele Vermutungen angestellt, die der wissenschaftlichen Überprüfung jedoch meist nicht standhielten. Weder führt ein längerer Nahrungsentzug zu einer signifikanten Schwellenerniedrigung, noch beeinträchtigt Tabakrauch langfristig die Geschmacksempfindlichkeit.

Der Trainingszustand und das Alter einer Person haben jedoch einen Einfluss auf die gustatorische Sensibilität. Über den Einfluss des Alters kam Cooper u. a. (1959) zu einem interessanten Ergebnis. Verschiedene Altersgruppen von 15 bis 89 Jahren wurden in einem Versuch miteinbezogen. Mit zunehmendem Alter zeigte sich eine Abnahme der gustatorischen Sensibilität. Allerdings nur bei den absoluten Schwellen, nicht aber bei den Unterschiedsschwellenwerten. Eine Ausnahme stellte dabei die Wahrnehmung für sauer dar.

Dass auch Ageusie zu einer Beeinträchtigung der gustatorischen Geschmacksempfindlichkeit führen kann, ist hinreichend bekannt. Geschmacksblindheit (Ageusie) ist allerdings weniger verbreitet als die Geruchsblindheit (Anosmie).

Die Empfindlichkeit für Säure bleibt mit zunehmendem Alter erhalten, die Süße-Empfindlichkeit dagegen nimmt ab.

Hedonistische Bewertung von Geschmackseindrücken

Die Einteilung der vier Grundgeschmacksqualitäten ist jedem aus dem Alltag geläufig. Süße Substanzen werden, insbesondere von Kindern, meist bevorzugt. Gleichzeitig sind aber bei der hedonistischen Bewertung des Süße-Eindrucks deutlich ausgeprägte individuelle Unterschiede erkennbar. Bitter wird in der Regel eher gemieden, während saure Komponenten bis zu bestimmten Konzentrationen akzeptiert werden. Ob diese Empfindungen als positiv oder negativ empfunden werden, ist nicht nur von den reinen Basalempfindungen abhängig, sondern auch aufgrund der Reizkombinationen unserer Ess- und Trinkerfahrungen.

Allerdings scheinen hierbei genetische Einflüsse ebenfalls eine Rolle zu spielen.

Trigeminale Wahrnehmung

Unter trigeminaler Wahrnehmung versteht man die Summe aller Sinnesreize, die über den N. trigeminus vermittelt werden. Überall dort, wo wir die Bezeichnungen stechend, adstringierend, brennend, kühlend oder scharf für einen Stimulus verwenden, ist der vierte Hirnnerv (*Nervus trigeminus*) beteiligt. Er ist für die sensorische Wahrnehmung im Bereich von Mund, Nase und Rachen verantwortlich und erfüllt eine Vielzahl von sensorischen und motorischen Funktionen, u. a. bei Kaubewegungen und sprechmotorischen Abläufen.

Die Erkennung von Wärme- und Kälteempfindungen findet vor allem über das oral-trigeminale System statt. Hier werden auch Temperatur-Illusionen, wie der kühlende Effekt des Menthols oder der brennende Eindruck von scharfem Pfeffer oder Chili erfasst.

Die wohl bekanntesten Beispiele für den trigeminalen Sinn sind der Zwiebeldunst und der brennende Einfluss von hochprozentigem Alkohol. Der dadurch entstehende Reiz des *N. trigeminales* löst dann entsprechende Reflexe aus. So wird bei der Wahrnehmung von Pfeffer im Mund ein Schwitzen ausgelöst; Senf führt zu einem Stechen in der Nase und bei der Wahrnehmung von Gasen (z. B. Gärungskohlensäure) kommt es zu einer reflektorischen Unterbrechung des Atemrhythmus, um ein Vordringen in die inneren Atmungsorgane zu verhindern.

Interessant ist auch die Tatsache, dass bei älteren Menschen das trigeminale Aroma-Empfindungsmuster zunimmt und damit stellenweise die mit zunehmendem Alter hervorgerufene Degeneration der Riechempfindlichkeit kompensiert. Das bedeutet, dass selbst bei einem Ausfall des olfaktorischen Systems immer noch einigermaßen zuverlässig Nahrungsmitteldüfte über die trigeminale Wahrnehmung erkannt werden können.

Leider ist die Trigeminale Wahrnehmung noch kaum erforscht. Dies ist vor allem deshalb so bedauerlich, da wichtige Aspekte der Weinsensorik in diesen Bereich fallen (Körper, Adstringenz, Kohlensäure, Schwefeldioxid, Alkohol, Fülle).

Zusammenspiel der Sinne

Neben Aroma und Geschmack ist auch das Mundgefühl wichtig für den Gesamteindruck.

Das charakteristische Merkmal der sensorischen Wahrnehmung ist die Koordination der verschiedenen sensorischen Systeme zu einem Gesamteindruck. Aroma und Geschmack allein, sagen noch nichts über die Gesamtqualität eines Weines aus. Deshalb bewertet man auch das Mundgefühl (engl. mouth feel).

Die Entstehung eines Geschmackseindrucks wird nicht nur in der Mundhöhle, sondern auch von der Nase und dem Nasenrachen beeinflusst. Das Erkennen von aromatischen Komponenten im Mundraum ist

Praktisches Experiment: Nasenklammern unterbinden den nasalen olfaktorischen Weg und schränken den retronasalen Zugang zur Riechschleimhaut weitestgehend ein.

eine Illusion der Riech-Schmeck-Verwechslung. Durch die freie Verbindung von Nase und Mund gelangen somit die Duftstoffe zu den Rezeptorzellen der Riechschleimhaut.

Gustatorisch, also über den Mundraum, bietet uns ein Wein sortentypischere Aromen als bei der rein nasalen „Verkostung“ (Traminer, Scheurebe). Im Gegensatz zur olfaktorischen Wahrnehmung, bei der man die Duftstoffe durch Einatmen erkennt, ist die retronasale Wahrnehmung nur durch das Ausatmen möglich. In der Phase des Einatmens ist also keine retronasale Aromawahrnehmung möglich. Ein Versuch von MOZELL U. A. (1969) belegt die Wahrnehmung des retronasalen Vorganges sehr deutlich. Nahrungsmittel mit besonders aromatischen Komponenten wie Kaffee, Aprikose, Kirsche, Knoblauch oder Schokolade besitzen im Geschmack eine sehr niedrige Wiedererkennung, wenn man den retronasalen Weg unterbindet. Anders stellt es sich dagegen bei Substanzen mit Komponenten, welche den trigeminalen Sinn ansprechen dar. Beispiele hierfür sind Whisky (scharf), Essig (sauer und scharf), Zitrone (sauer und adstringierend), Zwiebel (beißend) oder Wein (sauer und süß). Sie werden von einem Großteil der Versuchspersonen trotz der sensorischen Einschränkung gut identifiziert. Dass es bei Salz- und Zuckerwasser, ja sogar reinem Wasser selbst, zu Fehleinschätzungen kommen kann, ist wohl eher dem Erwartungseffekt der Testper-

Häufigkeit, mit der die angeführten Nahrungsmittel korrekt identifiziert werden (Mozell u. a. 1969)

dunkelorange: unter normalen sensorischen Bedingungen

hellorange: bei Ausschaltung der retronasalen Wahrnehmung

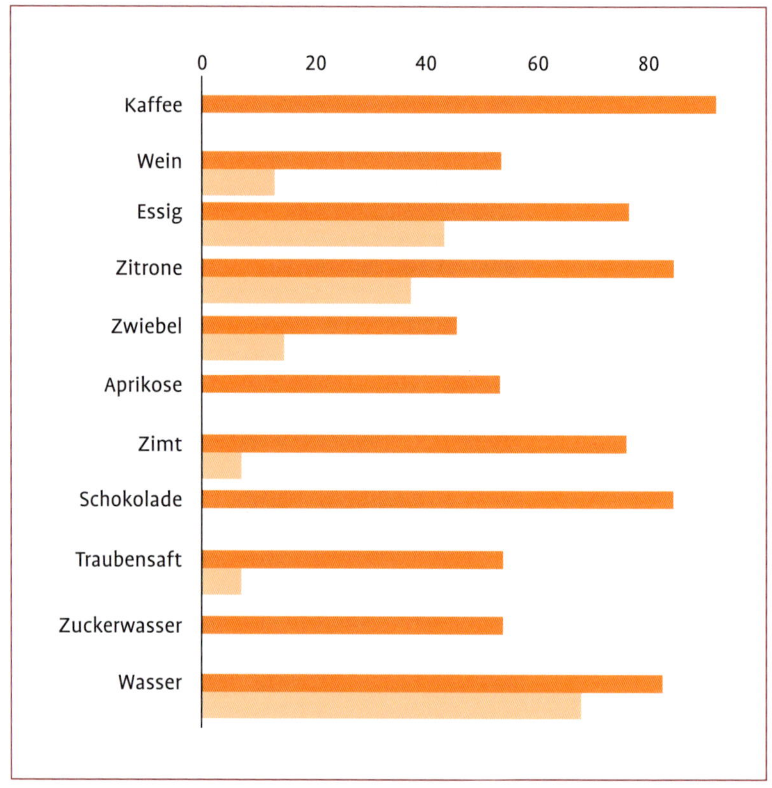

sonen zuzuschreiben, die wohl gewisse Aromakomponenten entdecken wollten.

Ganz im Gegensatz zur nasalen Wahrnehmung gibt es bei der retronasalen Aroma-Wahrnehmung keinerlei Adaptationsprozesse. Wenn man demnach eine Flasche Wein trinkt oder ein Zitronenbonbon lutscht, kommt es nicht zu einem merklichen Nachlassen des Aromaeindrucks.

Kauen bei der Verkostung

Bei der orthonasalen Duftwahrnehmung wird durch eine spezielle Technik des Einatmens (Schnüffeln) die Anzahl der Duftmoleküle auf der Riechschleimhaut beträchtlich erhöht. Dadurch ist eine intensivere Wahrnehmung eines Geruchs möglich. Eine ähnliche Methode die Wahrnehmung eines Aromas durch motorische Prozesse zu vergrößern ist der Vorgang des *Kauens*.

Das *Kauen* bei der Weinverkostung unterstützt die retronasale Wahrnehmung der Aromen.

Das Lebensmittel wird bei diesem Vorgang erwärmt, wodurch es zu einer Oberflächenvergrößerung und einer Freisetzung von Molekülen kommt; das Aroma kann intensiver wahrgenommen werden. Burdach und Doty (1987) beurteilten die Aromawahrnehmung bei Versuchspersonen bei keiner Mundbewegung, nach dem Ausspucken, mit Mundbe-

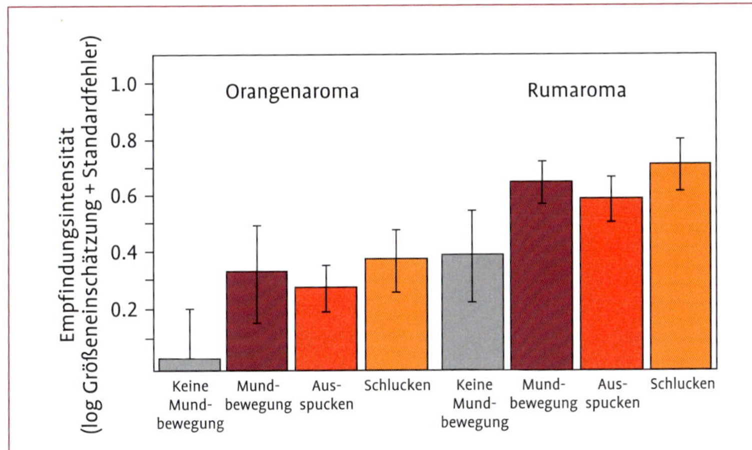

Durchschnittliche Empfindungsintensitäten von Orangen- und Rumaroma nach diversen Mundbewegungen (Burdach & Doty, 1987)

wegung und nach dem Schlucken. Diese Bewegungsmuster ergaben in aufsteigender Reihenfolge eine signifikante Intensitätssteigerung des Aromaeindrucks.

Eine weitere Differenz zwischen Duft- und Aromawahrnehmung bezieht sich auf die Qualität, also auf die hedonistische Bewertung der Empfindungen. Denn oft rufen identische Duftstoffe unterschiedliche Eindrücke hervor, je nachdem, ob die Stimulation nasal oder retronasal erfolgt. So kann beispielsweise Käse recht abschreckend riechen, aber dennoch sehr gut schmecken.

Hieraus wird deutlich, dass sich gustatorische und aromatische Empfindungen gegenseitig in der Ausprägung der Eindrucksintensität wenig hemmen. Dies tritt wahrscheinlich nur dann ein, wenn deutlich überschwellige Stimuli vorliegen. So konnte Burdach u. a. (1984) feststellen, dass das Erkennen von schwachen Aromareizen deutlich abgeschwächt wurde, wenn der Reizlösung Saccharose in überschwelliger Konzentration hinzugefügt wurde.

„MESSINSTRUMENT“ MENSCH

Die sensorische Wahrnehmung ist eine grundlegende Funktion für das Leben und Überleben. Schon der neugeborene Säugling zeigt Freude an Süßem und äußert seine Unlust bei der Empfindung von etwas Bitterem. Ein Kind lernt mithilfe seiner Sinne gute von schlechten Nahrungsmitteln zu unterscheiden. Die menschlichen Sinne sind sehr spezifisch, sehr empfindlich und leicht verfügbar – das sind ideale Voraussetzungen für ein „Messinstrument“.

Psychophysik

Wie reagieren unsere Sinne auf einen Stimulus? Wo liegen die Möglichkeiten und Grenzen der menschlichen Wahrnehmung? Mit diesen Fragen beschäftigt sich die Wissenschaft der menschlichen Sinne, die Psychophysik.

Die Erkenntnisse der Psychophysik wurden im Hinblick auf die Sensorik von KÖSTER (1975) zusammengefasst. Physikalische Messinstrumente können spezifiziert und vorprogrammiert werden. Das Instrument Mensch hingegen ist eine Einheit, vielfältig und weitgehend vorprogrammiert. Jeder Mensch hat sein eigenes und einzigartiges „Programm", nämlich die Summe seiner Lebenserfahrungen. Aber Menschen können ausgewählt, motiviert und geschult werden. Menschliche Sinne sind meistens viel empfindlicher als physikalische Detektoren. Die Möglichkeiten und Grenzen des menschlichen Gehirns, sind die wichtigsten Parameter der sensorischen Arbeit.

Sowohl bei einem physikalischen, wie auch einem menschlichen „Messinstrument" müssen Empfindlichkeit, Grenzen, Vertrauenswürdigkeit, Linearität und konstante Fehler bekannt sein. „Deshalb gibt es keine guten oder schlechten Weinverkoster. Es gibt nur reproduzierbare und nicht reproduzierbare Ergebnisse" (Ann Nobel, Universität von Kalifornien in Davis). Liefern einzelne Prüfer oder eine ganze Gruppe nicht reproduzierbare Werte, so sind diese Werte unbrauchbar. Sensorische Messresultate sind also bezüglich ihrer Reproduzierbarkeit ständig zu kontrollieren.

Werden Einflussfaktoren wie die Überschätzung der Reduktionskapazität (Ausschalten von Einflüssen), der Gedächtniskapazität (zu viele Fragen auf einmal), die physiologischen Faktoren (Zeitpunkt, Krankheiten, Hormone), Adaptation, Habituation, Überraschungseffekt sowie der Kontrast bei der Zusammenstellung der sensorischen Prüfung berücksichtigt, so können zuverlässige Ergebnisse erzielt werden.

Bei der Prüfung auf Reproduzierbarkeit von Einzelwerten ist zu beachten, dass jede sensorische Beurteilung einer Probe von der Beurteilung der unmittelbar vorher gereichten Probe abhängt (Hof-Effekt). Dieser unvermeidbare Fehler des Einzelwertes wird beim Einsatz einer Gruppe und einer zufälligen Reihenfolge der gereichten Proben ausgemittelt.

Lern- und Konditionierungsprozesse

Wie alle Wahrnehmungsvorgänge unterliegt auch die menschliche Wahrnehmung dem Einfluss von Lern- und Konditionierungsprozessen. So kann durch Übung die Fähigkeit zur Differenzierung von Duft und Aromastoffen beträchtlich gesteigert werden.

Auch die Identifikation von Duftqualitäten ist trainierbar. Der Lernerfolges ist abhängig vom allgemeinen Bekanntheitsgrad eines Duft-

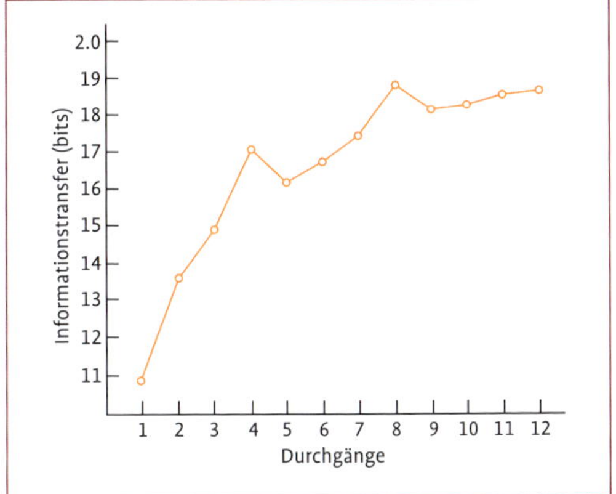

Übung macht die Meister! Hier sehen Sie Durchschnittswerte aus fünf verschiedenen Konzentrationen (ENGEN & PFAFFMANN 1959)

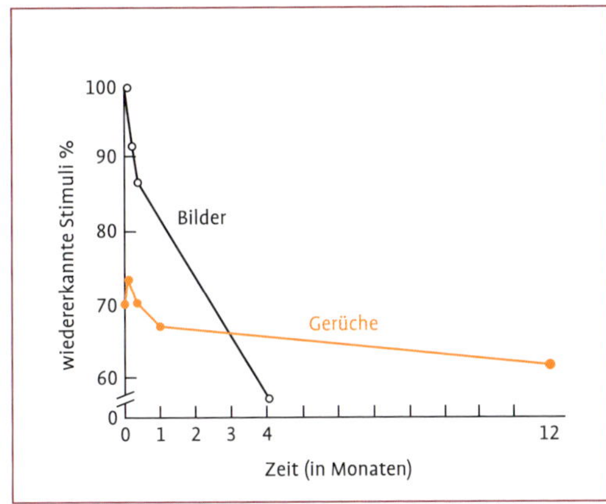

Nase versus Auge, Vergessenskurven für Bilder und Gerüche (ENGEN U. A. 1982)

stoffes, den persönlichen Erfahrungen und der Art der Feedback-Prozedur.

Durch den Zugang zum Stammhirn (Limbisches System), werden Dufteindrücke besonders gut gespeichert und bleiben im Gedächtnis, insbesondere dann, wenn sie mit emotionsträchtigen Erinnerungen gekoppelt sind. ENGEN UND ROSS untersuchten das Phänomen in einem Experiment unter kontrollierten Bedingungen.

Zunächst ist die Erinnerungsleistung für optische Reize deutlich besser, vermindert sich aber nach kurzer Zeit. Die Wiedererkennung von Riechreizen zeigt einen viel flacheren Verlauf: Sind die Dufteindrücke erst mal im Langzeitgedächtnis abgespeichert (d. h. wird der Duftreiz korrekt identifiziert) bleiben diese über Jahre hinweg abrufbar.

Unterscheidungsvermögen

Das rein sensorische Unterscheidungsvermögen ist beim Menschen in der Regel besser als das notwendige verbale Ausdrucksvermögen zur Beschreibung der sensorischen Wahrnehmung.

Die Empfindlichkeit für einen Stimulus kann beim Menschen nicht gesteigert werden. Lediglich die Technik ermöglicht es eine „höhere Empfindlichkeit" vorzutäuschen.

Merkmale eines guten Prüfers sind neben der guten Schulbarkeit, d. h. der Bereitschaft zum Lernen, vor allem ein gutes Gedächtnis und verbales Ausdrucksvermögen.

Da sich das Ausdrucksvermögen und das Gedächtnis schulen lassen, ist Sensorik erlernbar. Von gewissen Anomalien abgesehen, ist also die Behauptung richtig: „Es gibt keine guten und schlechten Sensoriker". Prüfer mit hypersensiblen Fähigkeiten sind keine Garanten für gute

Messergebnisse. Prüfer mit normaler Empfindlichkeit liefern brauchbare Ergebnisse, wenn ihre Gedächtnisleistung und verbalen Fähigkeiten stimmen.

Persönlichkeitsgebundene Faktoren

Ob jemand als Prüfer geeignet ist, hängt neben den schulbaren und messbaren sensorischen Leistungen auch von persönlichkeitsgebundenen Faktoren ab.

Corlis u. a. (1967) untersuchten anhand des Schwellenwertes für Bitter-Empfindung von Chinin Beziehungen zwischen Persönlichkeitstyp und Geschmacksempfindlichkeit. Empfindliche Geschmacksprüfer gehören hier zum theoretisierenden, intuitiven Typ, während der nüchterne, rationale Typ meist höhere Schwellenwerte zeigt.

Prüfer mit hoher Empfindlichkeit für Bitterstoffe reagieren auch rasch und gut auf andere Stimuli und sind wählerischer in Bezug auf ihre Nahrung. Von Menschen wird die bittere Substanz 6-n-Propyl-2-Thiouracil (Prop), genetisch bedingt, sehr unterschiedlich wahrgenommen. Je sensibler die Testpersonen auf Prop. Reagierten, umso sensibler waren sie auch in der Wahrnehmung der geschmacklichen Stimuli, wie salzig, sauer, und adstringierend. Folglich werden die Bewertungen von Weinen auch unterschiedlich ausfallen, je nach Verkostersensibilitätslevel für Prop.

In der Beurteilung von Lebensmitteln spielt das Geschlecht kaum eine Rolle. Generell sind Frauen jedoch empfindlicher für Gerüche, zeigen aber größere Variabilität in der Intensität und Qualität der Empfindung. Geruchsblindheit für spezifische Stimuli ist bei Männern häufiger festzustellen.

Starke Raucher sind weniger empfindlich für den bitteren Geschmack von Chinin.

Mäßige Raucher sind nicht weniger empfindlich als Nichtraucher, vorausgesetzt, dass etwa 1 Stunde vor dem Test nicht geraucht wird.

Einen erheblichen Einfluss auf das sensorische Ergebnis, haben unsere Gewohnheiten. Sie gleichen einer Konditionierung. Was kenne ich, was ist mir eher fremd? Sehr schwer auszuschließen, sollte aber unbedingt bei sensorischen Prüfungen berücksichtigt werden. Ebenso, bei Information über das Produkt bzw. deren Erzeuger. Hier könnten zu viele Vorabinformationen das objektive, sensorische Urteil beeinflussen (Etikettentrinker).

Der Mensch ist ein „Augentier". Die visuelle Dominanz führt bezüglich der chemischen Sinne leicht in die Irre. Denn oft entscheidet in Wirklichkeit der Sehsinn über die Beurteilung eines Weines.

Die Empfindlichkeit für Geruch und Geschmack nimmt mit zunehmendem Alter ab – Erfahrung und Ruhe nehmen dafür zu. Das Alter ist nicht maßgebend für die Qualität des Prüfers. (Doty u. a. 1984).

Bei der Beurteilung von Farben und Farbunterschieden ist zu beachten, dass die Art der Beleuchtung die Farbintensität und Farbqualität beeinflusst. Mit Auge, Lupe und Mikroskop als Hilfsmittel lassen sich verschiedene Produkteigenschaften wie Klarheit, Trübung, Viskosität und Oberflächenbeschaffenheit gut beurteilen.

Die menschliche Geruchswelt ist sehr vielfältig. Spontan können nur 6 bis 22 Gerüche erkannt werden. Durch systematische Schulung mehrere hundert. Parfümeure (Parfümeurin) sind sogar in der Lage, mehrere tausend Gerüche voneinander zu unterscheiden. Zur geruchlichen Beurteilung von Weinen ist daher oftmals ein Standard als Vergleichsprobe nötig, es sei denn, die Prüfer sind mit dem zu beurteilenden Gerüchen sehr gut vertraut.

Die Speichelsekretion beeinflusst die Geschmacksempfindung, besonders hinsichtlich ihrer Intensität. Auffällig ist auch, dass Laien bei schwachen Dosierungen öfter „sauer" und „bitter" verwechseln.

VOKABULAR DER WEINSENSORIK

Wie schon zu Beginn dieses Kapitels erwähnt, besitzen wir kein eigenes Vokabular für sensorische Empfindungen. Zur Verbalisierung bedient man sich deshalb sogenannter Konkretisierungsvergleiche, um passende Umschreibung zu finden. Diese Vergleiche können alle Bereiche des Alltags betreffen. Eschrecken Sie daher nicht, wenn Sie nicht alle der folgenden Aromen kennen. Wie schon erwähnt: Aromenerkennung ist keine angeborene Fähigkeit des Menschen. Je nach Umfeld beschäftigen wir uns mehr oder weniger mit den Aromen unserer Zeit. „Aus sensorischer Sicht müssen wir heute leider nicht mehr gut riechen können, um zu überleben." Dennoch gilt: Wer sich intensiv mit Aromen beschäftigt, steigert jeden Tag seine sensorischen Fähigkeiten.

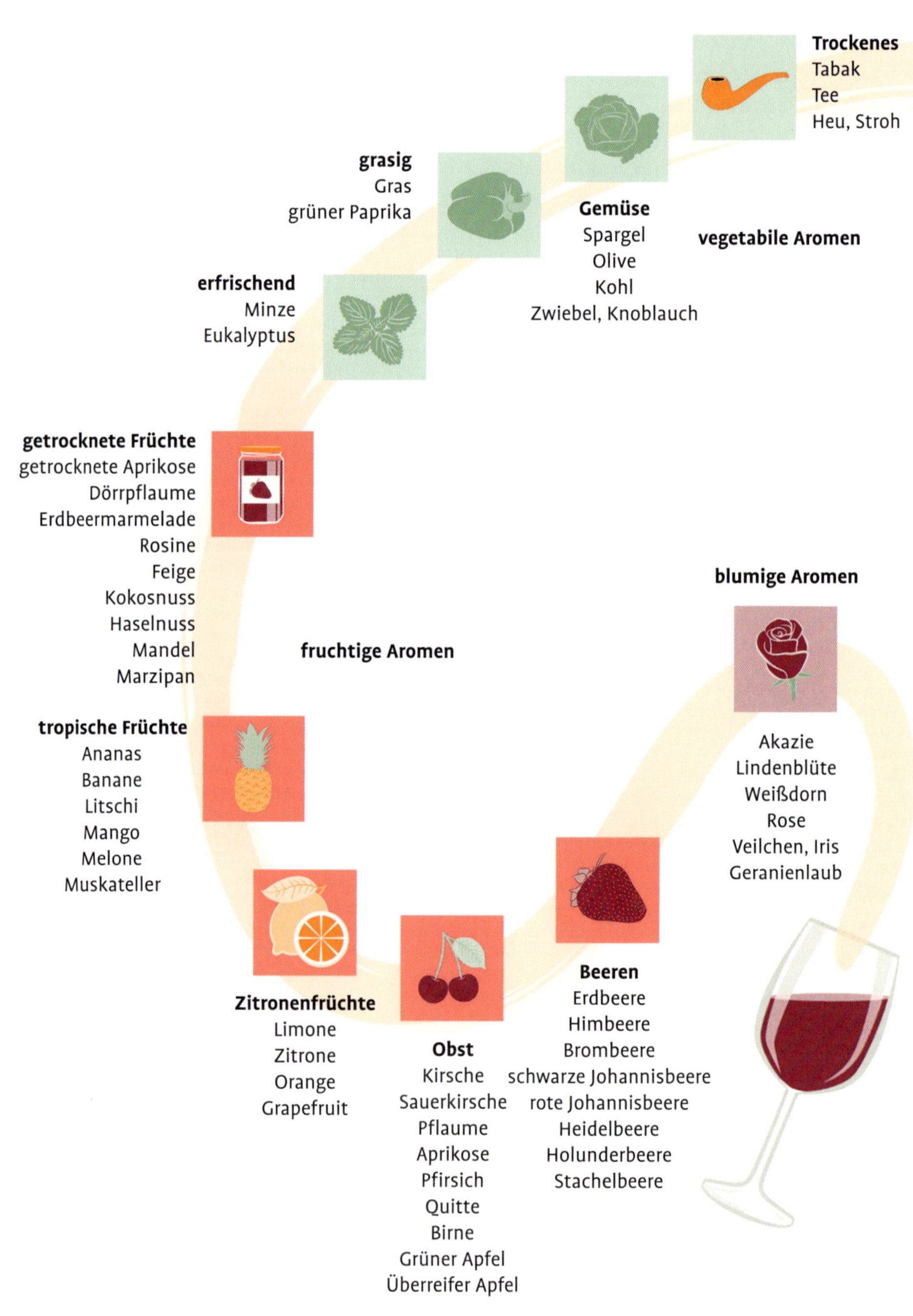
Trockenes
Tabak
Tee
Heu, Stroh
grasig
Gras
grüner Paprika
Gemüse
Spargel
Olive
Kohl
Zwiebel, Knoblauch
vegetabile Aromen
erfrischend
Minze
Eukalyptus
getrocknete Früchte
getrocknete Aprikose
Dörrpflaume
Erdbeermarmelade
Rosine
Feige
Kokosnuss
Haselnuss
Mandel
Marzipan
fruchtige Aromen
blumige Aromen
Akazie
Lindenblüte
Weißdorn
Rose
Veilchen, Iris
Geranienlaub
tropische Früchte
Ananas
Banane
Litschi
Mango
Melone
Muskateller
Zitronenfrüchte
Limone
Zitrone
Orange
Grapefruit
Obst
Kirsche
Sauerkirsche
Pflaume
Aprikose
Pfirsich
Quitte
Birne
Grüner Apfel
Überreifer Apfel
Beeren
Erdbeere
Himbeere
Brombeere
schwarze Johannisbeere
rote Johannisbeere
Heidelbeere
Holunderbeere
Stachelbeere

Unterholz
Humus
Staub
Pilz
Steinpilz
Trüffel

erdige Noten

Vanille
Lakritze, Süßholz
Anis, Fenchel
Ingwer
Zimt
Gewürznelke
Pfeffer
Lorbeer
Muskatnuss

Gewürzaromen

Röstaromen

Ruß
Rauch
Kaffee
Kakao
Karamell
Biskuit, Butterscotch
Toastbrot
verbranntes Holz
angebranntes Grummi

mineralische Noten

Mineralien
Feuerstein
Petrol

balsamische Noten

Wachs
Honig
Harz, Teer

tierische Noten

Leder
Moschus
Fleisch

Wild
Stallgeruch
Katzenpipi

Mäuseln
Schweiß
Foxton

Chemische und andere Noten

Butter
Käse
Schwefel
Bonbon, Drops
Lösungsmittel, Nagellackentferner
Essigstich
Hefe
Jod
faule Eier, Böckser
Korken
Rancio
trockener Karton
nasser Karton
nasse Wolle

(Auszug: PEYNAUD 1984)

Animalische Serie

Ambra – Wild – Wildbret – Wildragout – Pelzwerk – nasser Hund – Moschus – moschusartig – Schweiß – Fettschweiß – Mäuse-/Katzenharn – Fleisch – fleischartig – fettig – verdorbenes Fleisch – Stall – Pferdestall

Balsamische Serie

Wacholder – Kiefer – Harz – Terpentin – Weihrauch – Vanille – Karamell

Holzartige Serie

grünes Holz – altes Holz – Akazienholz – Eichenholz – Zedernholz – Sandelholz – Bleistiftholz – Zigarrenkistenholz – Fassdaube – Kork

Chemische Serie

essigartig – Alkohol – Naphtol – Phenol – Schwefel – Zelluloid – medizinisch – pharmazeutisch – Desinfektionsmittel – Jod – Chlor – Graphit

Gewürzartige Serie (einschließlich Aromapflanzen)

Anis – Fenchel – Champignon – Steinpilz – Trüffel – Zimt – Ingwer – Gewürznelke – Muskat – Pfeffer – Basilikum – Minze – Pfefferminze – Thymian – Lakritz – Knoblauch – Zwiebel – Oregano – Majoran – Lavendel – Kampfer – Wermut

Serie der Brandgerüche

rauchig – Tabakrauch – Weichrauch – gegrillt – geröstete Mandeln – geröstetes Brot – verbrannter Stein – Feuerstein – Flint – Pulver – verbranntes Holz – Leder – gerösteter Kaffee – Kakao – Schokolade

Ätherische Serie (einschließlich Gärgerüche)

Isoamylacetat – Aceton – amylartig – Banane – saure Drops – englische Drops – Nagellack – Ester der höheren Fettsäuren (Caprate, Capronate, Caprylate) – Seife – Kerzenwachs – Stearin – Hefe – Ferment – aufgegangener Teig – Weizen – Obstmost – milchartig – saure Milch – Milchspeisen – Molkerei – Käserei – Butter – Diacetyl – Joghurt – Sauerkraut – Sackleinwand – Stall – Pferdestall

Blumenartige Serie

blumig – blütenartig – Akazienblüte – Mandelblüte – Orangenblüte – Apfelblüte – Pfirsichblüte – Ligusterblüte – Holunderblüte – Rebenblüte – Weißdorn – Heckenrose – Geißblatt – Zitronenblüte – Hyazinthe – Narzisse – Jasmin – Geranie – Perlagonie – Erika – Ginster – Eibisch – Magnolie – Honig – Pfingstrose – Reseda – Rose – Kamille – Linde – Eisenkraut – Iris – Veilchen – Chrysantheme – Nelke

Fruchtige Serie

getrocknete Weinbeeren – Korinthen – Sultaninen – Muskattrauben – Süßkirsche – Waldkirsche – Weichselkirsche – Herzkirsche – Vogelkirsche – Pflaume – Backpflaume – Schlehe – Mirabelle – Mandel – Bittermandel – Pistazie – wilde Beeren – Heidelbeere – schwarze Johannisbeere – Maulbeere – Aprikose –

Quitte – Pfirsich – Birne – Apfel – Reinette – Melone – Bergamotte – Zitrone – Orange – Pampelmuse – Ananas – Banane – getrocknete Feige – feigenartig – Granatapfel – Nuss – Haselnuss – grüne Olive – schwarze Olive

Vegetabile Serie
Kräuter – kräuterartig – Heu – Wiesenaroma – grünes Blatt – welkes Blatt – Ackerwinde – Lorbeerblatt – Kräutertee – gemüseartig – Kohl – Kresse – Efeu – Meerrettich – Radieschen – Farnkraut – grüner Kaffee – Tee – Tabak – Humus – Unterholz – Erde – Moor – Moos

CHEMISMUS

Chemismus ist die Gesamtheit der chemischen Vorgänge bei Stoffumwandlungen. Um überhaupt einen Geruchseindruck zu erzeugen, müssen riechende Verbindungen flüchtig sein. Das wichtigste Kriterium für die Geruchsqualität ist dabei die Konfiguration des Moleküls, das räumlich zum Rezeptor passen muss. Die einfachste Konfiguration findet man bei kampferartigen Gerüchen, welche ein dicht gepacktes, kugel- bis eiförmiges Molekül mit einem Durchmesser von 0,75–0,9 nm vorrausetzen.

Gerade bei Impaktverbindungen besteht eine große Strukturspezifität: Methylanthranilat (Erdbeere) hat nur als Ortho-Verbindung das typische Aroma von Concordtrauben (*Vitis labrusca*); die meta- und para-Isomeren haben dagegen keinen Geruch (Ohloff 1981). Und auch das „Erdbeer-Aldehyd" verursacht nur in der cis-Form das charakteristische Aroma.

Geruchsstoffe sind im Rohstoff des Getränkes enthalten. Sie entstehen enzymatisch bei der Bearbeitung des Rohmaterials (Hexanal im Apfelsaft), durch chemische Reaktionen beim Erhitzen und/oder Lagern (Abbau von Aminosäuren zu Aldehyden) oder werden durch Mikroorganismen synthetisiert (Diacetyl).

In Weinen stammen die flüchtigen Verbindungen auch von der Aktivität der Hefe und der Milchsäurebakterien, wobei auch die Gärbedingungen eine Rolle spielen. Höhere Alkohole (n-Propanol, Isobutanol und Isopentanole) haben beispielsweise Einfluss auf die Zusammensetzung der verschiedenen Hefe-Rassen.

Erwünschte aber auch unerwünschte Aromenveränderungen (z. B. Terpineol in Orangensaft) können auf enzymatischem oder chemischem Weg während der Produktion und Lagerung entstehen.

Kennzeichnend für den Einfluss der Rebsorten sind verschiedene Ester, die als Gärprodukte in Konzentrationen von 1–3000 mg/l vorliegen. Man findet im Wein auch 10–20mal höhere Konzentrationen an α-Terpineol als in Traubensaft. Es ist somit anzunehmen, dass Hefe-Enzyme Geraniol zu Terpineol zyklisieren. Als Terpenalkohol ist Geraniol ein typischer Bestandteil von unvergorenem Traubensaft.

Es ist wichtig, sich klarzumachen, dass die meisten Geruchsmoleküle im Gemisch und nicht als Einzelgänger ein bestimmtes Produktaroma ergeben. So hat reines α-Terpineol einen angenehmen, fliederartigen Geruch.

Ein typischer Geruch eines Weines wird durch ein ganz bestimmtes Mischungsverhältnis vieler verschiedener Verbindungen entstehen, welche einzeln keinesfalls an das Aroma des entsprechenden Weines erinnern. Den vier Grundgeschmackseindrücken steht somit ein unendliches Spektrum von Geruchseindrücken gegenüber.

Primäraromen

Die sensorisch wichtigen Aromastoffe gehören zur Gruppe der Terpene. Sie sind meist in der Beere vorhanden und teilen sich in die Gruppe der Pyrazine (Methoxypyrazine, Aroma nach grüner Paprika, in Sauvignon blanc, grünem Bacchus) und in die Gruppe der Norisoprenoid-Ketone (β- Ionon, β-Ionon, Veilchen, Himbeeren) auf.

Terpene

Die prägende Aromenklasse des Muskat-Aromas sind die Terpene, vor allem die Monoterpene. Diese sind bereits in der Beere vorhanden und werden durch die alkoholische Gärung nicht stark verändert. Eine Differenzierung ist bereits an der Rebblüte möglich. Linalool (rosenholzartig) und Geraniol (Rosenblüte) tragen stark zum blumigen Aroma bei; Nerol (Rosenblüte), Citronellol (Zitronenaroma) und α-Terpineol (kampferartig)haben dagegen einen etwas schwächeren Einfluss. Die Vielzahl der Terpene macht das Aroma eines Weines aus.

Die Gehalte an Terpenen liegen zwischen 0,1 und 3 mg/l.Der Geruchsschwellenwert wird mit 0,1 mg/l angegeben. Laut STRAUSS (1986) zählen Rebsorten mit einem Gehalt von über 6 mg/l an Monoterpene zu den Muskatrebsorten (Muskat Alexandria, Muskat Ottonel). Bei Gehalten von 1–4 mg/l werden sie als aromatisch klassifiziert (Gewürztraminer, Müller-Thurgau, Morio-Muskat), und bei Gehalten von unter 1 mg/l

Primäraromen (aus: „Die hohe Schule der Weinkenner" von E. PEYNAUD 1984: U. Fischer, Seminarbericht 1995)

Aroma	Gruppe	Name	Gehalte
Rose	Terpene	Geraniol	45 ppm (Riesling) – 209 ppm (Muskat-Ottonel)
Flieder/Zitrus	Terpene	Terpineol	8 pp, (Müller-Thurgau) – 30 ppm (Muskat-Ottonel)
Blüten/ Maiglöckchen	Terpene	Linalool	30 ppm (Müller-Thurgau – 596 ppm (Muskat-Ottonel)
grüne Paprika	Pyrazine	2-Methoxy-3-(2-Propylpropyl)-pyrazin	Geruchsschwelle in Wasser 0,002 ppb Gehalte in Wein bis 0,035 ppb
Veilchen	Norsio-prenoide	β-Ionon	Geruchsschwelle in Wasser 4,5 ppb Gehalte in Wein bis 30 ppb

spricht er von Rebsorten, bei denen das Aroma nicht von Monoterpenen geprägt ist (Chardonnay, Grauburgunder, Spätburgunder).

Ein großer Teil dieser Terpene liegt nicht frei vor, sondern ist an Disacchariden (Arabinose-Glucose) glycosidisch gebunden und deshalb geruchlich nicht aktiv. Durch bestimmte Enzyme (β-Glucosidasen) können diese freigesetzt werden und somit zum Aroma beitragen. Je nach Reifestadium der Beere steigt der Gehalt an Monoterpenen bis zum Bildungsmaximum in der überreifen Frucht. Botrytis zerstört die Terpene.

Da ein großer Teil der Terpene in der Beerenhaut vorliegt, kann eine Maischestandzeit zu einer Erhöhung der Monoterpen-Gehalte führen. Freigesetzte (hydrolisierte) Terpene werden mit zunehmender Reife des Weines oxidiert.

Sekundäraromen

Höhere Alkohole (C > 2)

Die bei Aminosäuren vorhandene Aminogruppe wird auf eine α-Ketongruppe übertragen und zu den entsprechenden Aldehyden decarboxyliert, welche von der Alkoholdehydrogenase (ADH) zu den Alkoholen reduziert werden. So wird Hexanol durch enzymatische Oxidation aus Linol- und Linolen-Säure gebildet und ist für den grünen, grasigen Geruch eines Weines verantwortlich.

Während Hexanol auch aus der Traube stammt (z. B. Jahrgang 1996), wird die Bildung höherer Alkohole durch den Anteil an natürlichen Aminosäuren im Most stark beeinflusst. Eine zu starke Gabe an Stickstoff fördert demnach die Bildung von Fuselalkoholen, die bekanntlich nicht zur Weinqualität beitragen.

Fettsäuren

Die Fruchtsäuren haben geruchlich keine Bedeutung. Lediglich die durch Hefen und Bakterien gebildeten Fettsäuren (Butansäure, Hexansäure, Octansäure) haben einen Einfluss auf den Geruch. Die Bildung der flüch-

Konzentrationen und Geruchsschwellenwerte von Sekundäraromen im Wein (U. Fischer, Seminarbericht 1995)

Aroma	Gruppe	Name	Gehalte
grün, grasig	Alkohol	1-Hexanol	Geruchsschwellen 1,1–5,2 ppb
Pfirsich, Aprikose	Lactone	δ-Decalacton	Geruchsschwelle 4200 ppb
grüner Spargel	Schwefelverbindung	Dimethyl-Sulfid	Geruchsschwelle 22–25 ppb Gehalte in Wein 0,0–474 ppb
Nelke, balsamisch	Phenole	4-Vinylguaiacol	Geruchsschwelle in Wasser 10 ppb Gehalte in Wein 1,4–710 ppb
Leder, holzig	Phenole	4-Ethylphenol	Geruchsschwelle in Wasser 140 ppb Gehalte in Wein 0,6–6480 ppb

tigen Säure (Essigsäure) erfolgt ausschließlich aerob, also im Weinberg oder während der Traubenverarbeitung. Möglicherweise tragen die Fettsäuren durch die Bildung bestimmter Ester auch Positives bei. Genaue Untersuchungen stehen hierzu noch aus. Anaerobe Bedingungen und niedrige Gärtemperaturen erhöhen den Gehalt an Fettsäuren.

Ester
Die Ester sind die wichtigste Aromagruppe. Sie entstehen durch die Reaktion der OH-Gruppe des Äthanols, der höheren Alkohole und der Terpenalkohole mit der Säuregruppe der Mono- und Dicarbonsäuren. Die Bildung kann durch Terpenalkohole bereits in der Traube erfolgen. Ester von langkettigen Säuren sind oftmals nicht wasserlöslich. Durch niedrige Temperaturen und den Einsatz von Schwefeldioxid kann die Esterbildung beeinflusst werden.

Aldehyde
Die wichtigsten Aldehyde in Weinen sind Acetaldehyd, Hexanal und Benzaldehyd. Gefördert wird die Bildung der Aldehyde vom Hefestamm, niedrigen Temperaturen und Stickstoffmangel. Wichtig sind die α-Diketone und α-Hydroxyketone, die von der Hefe oder von Milchsäure-Bakterien (Acetoin, Diacetyl) gebildet werden. Geringe Mengen an Diacetyl (1 – 4 ppm) werden in Rotweinen meist als positiv bewertet. Sie hinterlassen einen deutlich buttrigen Eindruck.

Lactone
Lactone bilden sich bei der Dehydratisierung von aliphatischen Hydroxysäuren. Es bilden sich g-Lactone. λ-Nonalacton riecht nach Kokus, δ-Decalacton nach Pfirsich und Aprikose, Sotolon findet man ausschließlich in botrytisbehafteten Weinen und wird mit den Attributen Walnuss, süßlich, an Zucker erinnernd umschrieben.

Schwefelverbindungen
Wir unterscheiden Schwefeldioxid, Mercaptane, Thioester, Sulfide (Disulfide, Trisulfide, Tetrasulfide), heterozyklische Derivate von Thiophen (Thiazol, Thiamin). Mercaptane entstehen, wenn Alkohole länger mit Schwefelwasserstoff im Wein zusammen vorliegen. Diese Thiole lagern sich dann zu Disulfiden zusammen und besitzen eine enorm niedrige Geruchsschwelle.

Flüchtige Phenole aus mikrobiologischen Quellen
Die flüchtigen Phenole entstammen nicht der Traube, sondern beruhen auf dem Metabolismus der Hefen und Bakterien und durch Extraktion aus dem Fassholz. 4-Vinylphenol und 4-Vinylguaiacol werden von Hefen, 4-Ethylphenol und 4-Ethylguaiacol durch Bakterien gebildet. Über 100 ppb trägt das 4-Vinylguaiacol entscheidend zum klassischen Trami-

ner-Aroma bei; im Bereich unter 70 ppb jedoch nicht mehr. Der Geruch mancher Rotweine ist auf diese phenolischen Substanzen (unter 4 ppm) positiv zurückzuführen.

Tertiäraromen

Flüchtige Phenole aus dem Fassholz

Bei der Reifung des Weines in kleinen Eichenholzfässern (Barriques) kommt es zur gewollten Extraktion von flüchtigen Phenolen aus dem Holz: Phenole, Guaiacol, Cresole, 4-Ethylphenol, 4-Methylguaiacol, 4-Ethylguaiacol, 4-Vinylguaiacol, Eugenol, Isoeugenol, Vanillin und Propionvanillone. Die Herkunft des Holzes, die Toastung, sowie das Alter beeinflussen den Grad der Anreicherung der flüchtigen Phenole im Wein. Lange Maischestandzeiten bei nichtentrapptem Lesegut erhöhen die Gehalte an Cresol und Phenol.

Konzentration und Geruchsschwellenwerte von Tertiäraromen im Wein (U. FISCHER, Seminarbericht 1995)

Aroma	Gruppe	Name	Gehalte
Nelke	flüchtige Phenole	Eugenol	Geruchsschwelle in Wasser 11 ppb Gehalte im Wein 12–48 ppb
Vanille, Schokolade	flüchtige Phenole	Vanillin	Geruchsschwelle in Wasser 100 ppb
geräuchert, verbrannt	TDN	TDN	Geruchsschwelle in Wasser 20 ppb Gehalte in Wein 1–59 ppb
Kampfer, Eukalyptus	Vitispirane	Vitispirane	Geruchsschwelle in Wasser 800 ppb Gehalte in Wein 20–320 ppb

TDN und Vitispirane

Bei der Alterung des Weines spielen zwei Verbindungen eine große Rolle: Der Kohlenwasserstoff 1,1,6-Trimethyl-1,2-dihydronapthalene (TDN) und das Vitispirane (E)-6-Methylene-2,10,10-trimethyl-1-oxaspiro-[4.5]-Dec-7-en. Die Konzentration steigt mit dem Alter des Weines an und widerlegt die Carotinoid-Abbauthese. Vitispirane erinnern an Kampfer und Eukalyptus. TDN an Verbranntes, Geräuchertes, an Kerosin und Petrol.

Aromen in Wein

Blumige Aromen

Blumige Aromen kennzeichnen vor allem junge Weine. Sie treten in bestimmten Rebsorten viel stärker auf als in anderen. Eine interessante Übereinstimmung zeigt sich darin, dass die Aromen von weißen und gelben Blumen in den Weißweinen vorherrschen, jene der roten Blumen hingegen in den Rotweinen. Akazie, Liguster und Feldblumen sind die verbreiteten Aromen zahlreicher Weißweine, solange sie frisch und nicht oxydiert sind. Das Aroma von Holunderblüten weißt eine große Ähnlichkeit mit dem Aroma von Bacchus- und Scheurebe-Weinen auf.

Veilchenduft ist ein typischer Bestandteil des Aromas von Rotweinen, insbesondere junger Portugieser und wird durch das α-Ionon erzeugt.

Rosenduft in Rot- und Weißweinen findet man in so unterschiedlicher Ausprägung wie die Blume selbst. Eine Erklärung hierfür könnte in der Genetik liegen, da sich die Rebsorte Traminer als eine der Ursorten in vielen Rebsorten genanalytisch nachweisen lässt.

Die Duftnote des Jasmins finden wir in jungen Silvanern vom Muschelkalk. Und bei jungen Rieslingweinen sind Vergleiche mit frischem Gras anwendbar.

Aromen frischer Früchte

In ihrer Gesamtheit bewirken die Aromen von frischen Früchten das, was man gemeinhin bei neuen und jungen Weinen die Fruchtigkeit nennt. Aber gewisse Fruchtaromen (Monoterpene) bleiben lange erhalten, während der Wein altert, und bezeugen dann seinen guten Erhaltungszustand.

Der Duft des Apfels bildet häufig den charakteristischen Hintergrund bei Weißweinen. Das Aroma der Apfelsorte Golden Delicious kennzeichnet viele Weißweine häufig schon in der Gärphase. Hingegen ist der Geschmack von überreifen Äpfeln ein nicht akzeptabler Fehler. Er wird fast immer von einer kräftigen Gelbfärbung des Weines und einer Oxidation begleitet.

Das Zitronen-/Limettenaroma ist sehr fein und findet sich häufig in jugendlichen Weinen (Müller-Thurgau, Kerner, Riesling, Grauburgunder) mit einer betonten Säure, die den Weinen einen Eindruck von Frische verleihen.

Dem Grapefruitaroma begegnet man in Jahren mit eher unreifen und leicht grasigen Weißweinen, besonders bei der Scheurebe und dem Bacchus. Hierbei handelt es sich um einen Geruch, der zur Reduzierung eine gewisse Lagerdauer benötigt.

Junge, von einer gewissen Unreife gekennzeichnete Weißweine zeigen die Aromen von grüner Paprika und Stachelbeere (Sauvignon Blanc, Bacchus).

Das Aroma der Aprikose ist in hochwertigen, edelsüßen Weinen anzutreffen. Reife Birnennoten sind bei Weinen aus reifen Jahrgängen mit gesunden Trauben zu finden (oft bei Weißem Burgunder).

Das Aroma von reifen und überreifen Bananen (mit der chemischen Grundlage des Isoamylacetat), das auch an saure Bonbons erinnert, findet man überwiegend bei Weinen, die während der Weinbereitung bei niedriger Temperatur ausgebaut wurden. Durch eine entsprechende Gärführung sind also solche Ausbildungen von aromatischen Estern möglich.

Das Aroma der Himbeere und Erdbeere ist eine der häufigsten Eigenarten junger Rotweine. Dies gilt vor allem für Spätburgunder. Das Aroma der schwarzen Johannisbeere ist ein fester Bestandteil der großen Burgunderrotweine und hochkarätigen Scheureben oder Bacchus, die auf kalkhaltigen Böden wachsen.

Bei großen Rotweinen haben wir oft das Aroma der Brombeere. Die Kirsche bietet ebenfalls ein edles Aroma und ist häufig in Rotweinen mit langer Haltbarkeit, reichem Farbstoff (Dornfelder) und kräftigem Gerbstoffgehalt zu finden.

Das Aroma des Pfirsichs ist ein fester Bestandteil in reifen Weinen der Rebsorte Riesling.

Charakteristisch in edlen Traminerweinen ist die Verwandtschaft zur exotischen Frucht Lychee. Hochwertige, edelsüße Weine wie Beerenauslesen und Trockenbeerenauslesen bringen ebenfalls exotische Fruchtnoten von Ananas, Papaya, Maracuja und Mango mit sich.

Aromen getrockneter Früchte

Diese Aromen folgen im zeitlichen Ablauf den Aromen frischer Früchte. Sie zeigen sich, sofern keine vorzeitige Oxidation eintritt, erst, wenn der Wein in der Flasche ausreift. Ein Beispiel hierfür ist das Pflaumenaroma, das den Rotweinen eigen ist. Es erinnert ziemlich deutlich an das Anfangsstadium beim Karamellisieren dieser getrockneten Frucht. Chemisch ist es identisch mit dem Hydroximethylfurfural (HMF).

Vornehmer und wertvoller ist das Aroma von getrockneten Feigen. Es entsteht bei überreifen Beeren mit entsprechender Edelfäule und ist daher charakteristisch für edle Weine aus großen Jahrgängen.

Die Aromen von eingelegten Kirschen und gekochtem Pfirsich sind die natürliche Weiterentwicklung der Aromen frischer Früchte unter dem Einfluss des Alterns.

Zu den Aromen getrockneter Aprikose und Bananen, die man bei Weißweinen (reife Silvaner, Burgunder) häufig antrifft, gehören vor allem Haselnuss und geröstete Mandeln. Beide Aromen sind von hohem Rang, da sie während der Flaschenreife ständig an Fülle und Kraft gewinnen.

Aromen von Kräutern, Blättern; vegetabile Aromen

Unreife „grüne“ Weine besitzen einen sogenannten Grasgeruch und erinnern an Hexanol oder deren Aldehyde. Der Geruch von Heu hat als chemische Grundlage das Kumarin, ein Derivat der Zimtsäure. Den Duft der grünen Minze trifft man vor allem in Weißweinen, wo sie zusammen mit dem Geruch von Zitrone zur Frische des Buketts beiträgt. Die Pfefferminze dagegen ist eher eine Eigenart der Rotweine, deren geschmackliche Entwicklung schon fortgeschritten ist.

Komponenten grüner Paprika finden wir in unreifen Weinen und in Weinen der Rebsorte Sauvignon Blanc.

Röstaromen

Mit Röstaromen bezeichnet man jene Aromen, die sich beim mehr oder minder kräftigen Rösten (Erhitzen von Rotweinen, Toasten von Eichenholzfässern) bilden. Diese Aromen sind sehr unterschiedlich und erinnern an Toast, Kaffee, Kakao, Tee, Rauch oder Karamell. Karamell, das seinen Geruch dem Furfural verdankt, ist ein Aroma von mittelmäßigem Wert. Es bildet sich in Weinen mit fortgeschrittenem oder vorzeitigem Altersabbau. Kaffee, Kakao und Tee sind Aromen von hohem Wert. Man findet sie in Spitzenrotweinen während des Höhepunktes der Flaschenreife.

Gewürzaromen

Dem Vanillearoma begegnet man in Rot- und Weißweinen, wenn sie in Eichenholzfässern ausgebaut wurden. Dies ist ohne weiteres verständlich, da eine der wichtigsten Duftstoffe des Eichenholzes ein Derivat der Vanille ist: das Äthylvanillin. Das Süßholz (Lakritz) duftet nur schwach und ist häufig nur in großen Rotweinen zu finden.

In diesem Zusammenhang ist auf die überraschende Verwandtschaft zwischen dem Aroma der Weine und den Duftstoffen der Pflanzen, die in derselben Gegend gedeihen (Einflüsse können auch negative Auswirkungen haben!), hinzuweisen. Denken wir nur an die nach Eukalyptus riechenden Weine aus Kalifornien. Das Aroma des Pfeffers und Ingwers findet man in manchen Weinen, die auf Schieferböden wachsen.

Ein ausgesprochenes Würzbukett nach Nelke und Muskat finden wir bei gereiften Rotweinen. Bei gereiften Weißweinen treten häufig Aromen nach Zimt hervor. Des Weiteren sind ab und zu auch Brandgerüche in Weinen zu finden: balsamische Harze, Aromen von welkem Laub, Humus oder Unterholz. In großen Spätburgundern finden wir nicht selten den Geruch nach gespitztem Bleistift, vor allem, wenn sie eine gewisse Oxidationsstufe erreicht haben.

Animalische Noten

Das Auftreten von Tiergerüchen wird nicht immer vorteilhaft bewertet. Ambra ist das Grundaroma der Weißweine aus der Chardonnay-Traube. Es ist so verbreitet, dass man es oft vergisst, wie das Vanillearoma. In edlen Rotweinen wird Moschus oft vom Aroma der Trüffel begleitet.

Der Geruch von Leder ist eine Erscheinung, die man in gerbstoffbetonten Rotweinen antrifft. Dies ist nicht weiter überraschend, wenn man bedenkt, dass bei der Ledererzeugung die Proteine der Tierhaut mit Gerbstoffen durchsetzt werden. Im Wein entsteht der Ledergeruch ohne Zweifel durch eine gleichartige Reaktion, wenn die Gerbstoffe des Weines sich mit den Proteinen bestimmter Hefen (Brettanomyces) verbinden.

Aromen von anderen Speisen und Getränken
Infolge gemeinsamer Bestandteile zeigt der Wein oft geruchliche Ähnlichkeit mit anderen Speisen und Getränken. Der Duft von Honig zeichnet auf glänzende Art die edlen Weißweine wie Beerenauslesen und Trockenbeerenauslesen im fortgeschrittenen Alter aus.

Das Aroma von Apfelmost findet sich gelegentlich wie der Apfelgeruch in Weißweinen, die einen schlechten Erhaltungszustand und eine fortgeschrittene Oxydation aufweisen. Gerüche, die an Molkerei oder Käserei erinnern, sind häufig Erscheinungen aus einer ungünstigen Weinentwicklung durch Milchsäurebakterien.

SCHULUNG DER SINNE

Jedes Aroma wird für sich allein und ganz bewusst während einiger Sekunden bis Minuten „erschnuppert". Es genügt meist nicht, eine Assoziation zwischen Geruch und Name herzustellen. Um das Gedächtnis anzuregen und es aufgeschlossener zu machen, verbindet man das Aroma geistig mit einer augenfälligen Erscheinung des duftenden Gegenstandes. Man kramt in seinen Erinnerungen und vergegenwärtigt sich die Umstände, unter denen man diesen Duft bemerkt und gewürdigt hat.

Es fällt umso leichter, auf Empfindungen zurückzugreifen, wenn sie mit markanten, angenehmen oder euphorischen Eindrücken verbunden sind.

Fordern Sie Ihre Sinne: Verbinden Sie die Aromen im Geist mit bestimmten Farben (frische Noten nach Zitrone oder grünem Apfel: mit einem hellen Gelb; reife Fruchtaromen wie Birne oder Aprikose: mit dunklerem „reiferem" Gelb-Rot; vegetabile Komponenten wie Spargel oder frisches Gras: mit hellem Grün).

Kein Sinn ist so gefühlsverwoben wie der Geruchssinn und kein anderer Sinn ruft derart starke Erinnerungen hervor. Im Gegensatz dazu erzeugen unangenehme Assoziationen in der Erinnerung Hemmungen und Widerstände. Es wird berichtet, dass jemand das Aroma der schwarzen Johannisbeere verabscheute, nur weil er einmal in seiner Jugend bei brennender Sonne solche Beeren pflückte und sich dabei einen Sonnenstich zuzog.

Für das gute Wiedererkennen von Aromen ist ein ständiges Üben unerlässlich. Denn wir können nur etwas wiedererkennen, was wir schon kennen.

Normalerweise sollte man für die Übung zum Erkennen von Einzelaromen maximal fünf oder sechs Aromenstandards heranziehen. Zunächst versucht man, allein das Aroma des Standards zu bezeichnen. Macht man dabei einen Fehler und verwechselt das Aroma mit einem anderen, konzentriert man sich auf diesen Fehler um die Besonderheiten zu erfassen, die Assoziationen zu vertiefen bzw. zu korrigieren.

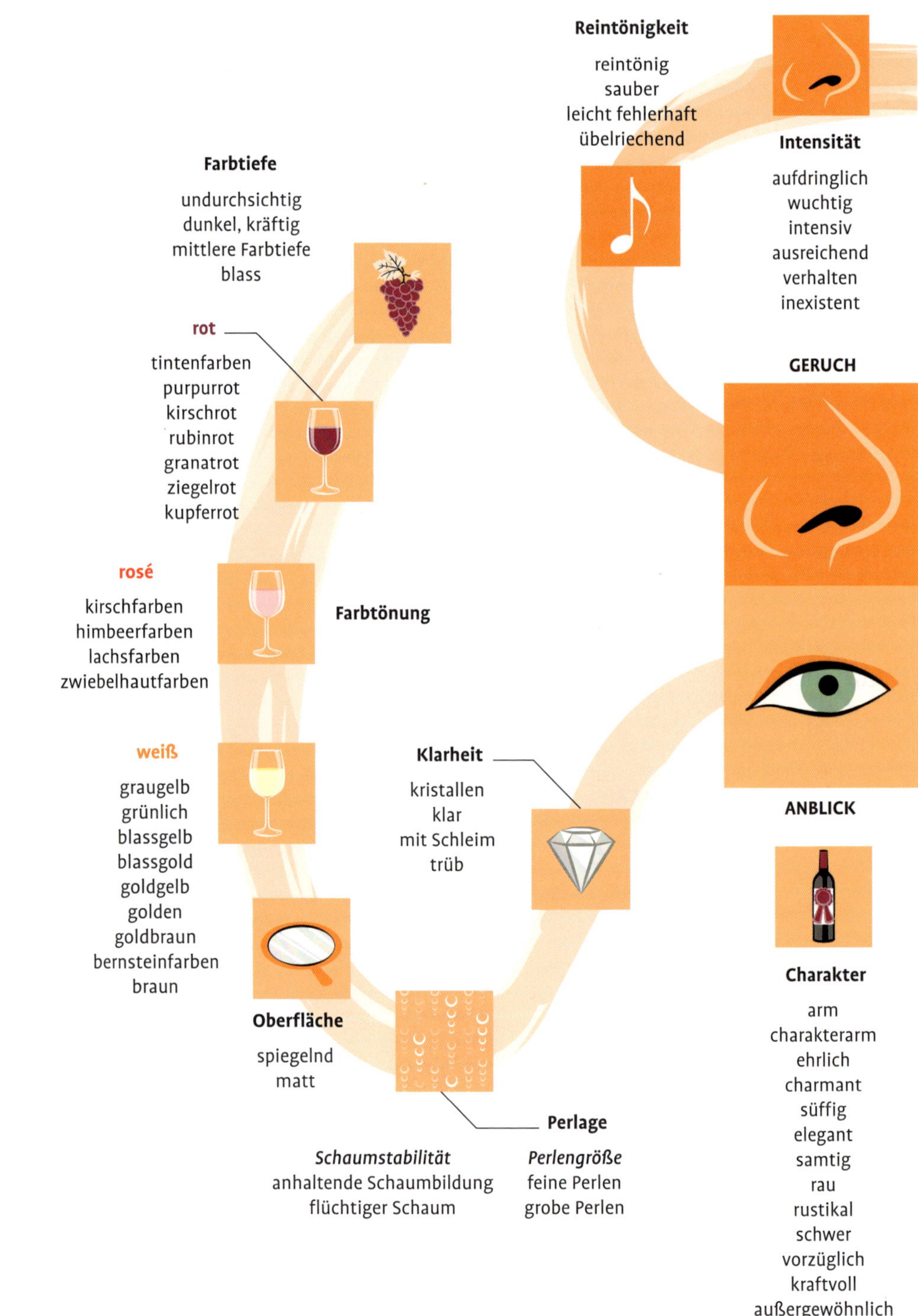
Reintönigkeit
reintönig
sauber
leicht fehlerhaft
übelriechend
Intensität
aufdringlich
wuchtig
intensiv
ausreichend
verhalten
inexistent
Farbtiefe
undurchsichtig
dunkel, kräftig
mittlere Farbtiefe
blass
rot
tintenfarben
purpurrot
kirschrot
rubinrot
granatrot
ziegelrot
kupferrot
GERUCH
rosé
kirschfarben
himbeerfarben
lachsfarben
zwiebelhautfarben
Farbtönung
weiß
graugelb
grünlich
blassgelb
blassgold
goldgelb
golden
goldbraun
bernsteinfarben
braun
Klarheit
kristallen
klar
mit Schleim
trüb
ANBLICK
Oberfläche
spiegelnd
matt
Perlage
Schaumstabilität
anhaltende Schaumbildung
flüchtiger Schaum
Perlengröße
feine Perlen
grobe Perlen
Charakter
arm
charakterarm
ehrlich
charmant
süffig
elegant
samtig
rau
rustikal
schwer
vorzüglich
kraftvoll
außergewöhnlich

Qualität

komplex
fein
rassig
gewöhnlich
einfach
plump

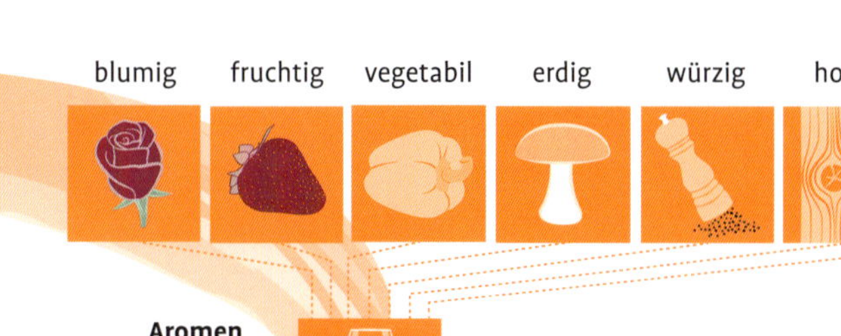

Aromen

chemische
und andere
Noten

GESCHMACK

Süße

sehr trocken
trocken
halbtrocken, lieblich
süß
sehr süß

Säure

sauer, beißend
nervig
frisch, lebhaft
geschmeidig,
flach

1. Eindruck

angenehm
unangenehm

Kohlensäure

perlend
prickelnd
schäumend

Gerbstoffe

Gerbstoffmenge
leicht tanninhaltig
mäßig tanninhaltig
stark tanninhaltig

Gerbstoffqualität
feinkörnige Tannine
grobkörnige Tannine
gut eingebundene Tannine
spröde Tannine
adstringierend

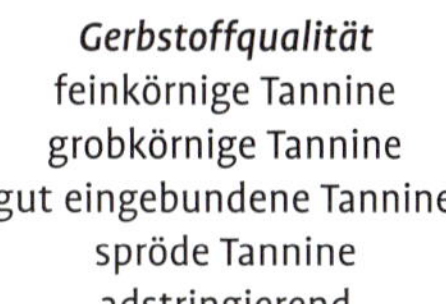

Bitterkeit
leicht bitter
bitter
sehr bitter

GESAMTEINDRUCK

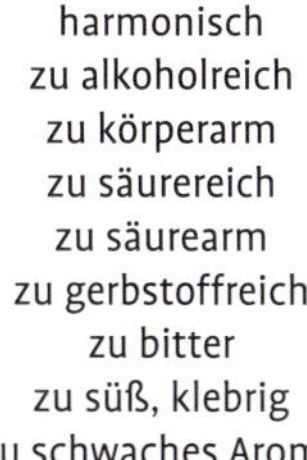

Harmonie

harmonisch
zu alkoholreich
zu körperarm
zu säurereich
zu säurearm
zu gerbstoffreich
zu bitter
zu süß, klebrig
zu schwaches Aroma

Länge

kurz
mittel
lang

Rückgeruch

blumig
fruchtig
vegetabil
usw.

Alkohol

angenehm
warm, kräftig
feurig
alkoholisch

Körper

fett, fleischig
körperreich
rund
leicht, dünn
mager

Man vergleicht das Aroma mit jenem, mit dem man es verwechselt hat, um so die Unterschiede genauer zu erfassen. Diese Gegenüberstellung ist besonders lehrreich, solange man in seinem Geruchsgedächtnis noch keine ausreichende Treffsicherheit entwickelt hat.

Die sensorische Untersuchung eines Weines läuft in der Praxis unter drei Gesichtspunkten ab. Zunächst erfolgt die optische Prüfung, daraufhin findet die geruchliche (olfaktorische) Prüfung statt und schließlich kommt es zur geschmacklichen (gustatorische) Prüfung des Weines.

Optische Prüfung

Die Farbe des Weines muss ohne jede Beeinflussung wahrgenommen werden können. Farbige Glasstiele, getöntes Kunstlicht oder auch farbige Inneneinrichtungen verändern das Bild. Die ideale Umgebung ist ein möglichst heller (weißer) Raum mit Tageslicht.

Olfaktorische Prüfung

Hier muss man sich immer vor Augen halten, dass die Aromen-Intensität schwächer ist als die der Aromenstandards. Kleine, kurze Atemzüge tragen hier zur besseren Erkennung der Aromatik bei.

1. Wein in unbewegtem Glas:

Ohne das Glas zu bewegen, nimmt man die feinsten und flüchtigsten Düfte des Weines auf. Hier lassen sich z. B. Zitrone, Eisbonbon, Banane, Rose erkennen. Am besten lässt man das Glas auf dem Tisch stehen und gleitet in einer Fächerförmigen Bewegung mit der Nase über das Glas.

2. Unterbrochene Glasbewegung:

Alle 15 bis 20 Sekunden macht man eine drehende Handbewegung, um die Aromen von mittlerer Flüchtigkeit zu entfalten (z. B. Blumen, Früchte, Kräuter) und riecht während der Bewegungspausen.

3. Anhaltende Glasbewegung:

Zuletzt werden mit einer anhaltenden Glasbewegung, die nur jeweils kurz zum Riechen unterbrochen wird, die schweren Aromen des Weines entfaltet.

Gustatorische Prüfung

Bei der geschmacklichen Einschätzung muss beachtet werden, dass zuerst die Süße als dominanter Eindruck vor allem auf der Zungenspitze wahrgenommen wird, dann aber auch wieder schnell in den Hintergrund tritt.

- Der Eindruck der Säure tritt später ein, verweilt länger und konzentriert sich mehr auf die Zungenränder.

- Bitterer Geschmack wird, weil er sehr beständig ist, am Zungengrund erkannt. Dieser, meist als negativ empfundene, Eindruck verstärkt sich meist noch.
- Durch die Bewegung und Erwärmung des Weines im Mundraum werden weitere Aromen freigesetzt und gelangen über den retronasalen Weg (über den Gaumen) zur Riechschleimhaut.

Bei der geschmacklichen Prüfung trägt die Nachhaltigkeit ebenfalls zur Einschätzung eines Weines bei. Nach dem Runterschlucken oder Ausspucken einer Weinprobe kann durch einfaches Mitzählen die Länge des Geschmackseindrucks festgestellt werden. Ein langer „Nachhall" zeugt nicht automatisch von hoher Qualität, bedarf es doch der Harmonie zwischen den Komponenten Säure, Süße und Alkohol.

Olfaktorische Prüfung nach der gustatorischen Prüfung
Zuletzt eine wenig bekannte und daher auch wenig praktizierte Phase: Man atmet die Aromen ein, die im geleerten Glas haften bleiben. Ein Zug mit der Nase deckt schwerflüchtige Aromen auf, die dem Gerbstoff des Weines und des Holzes der Lagerfässer entstammen. Sobald ein Aroma entdeckt ist, schreibt man es auf. Dann vergisst man es und sucht nach anderen in der gleichen Phase. Ganz große Weine geben während mehrerer Stunden immer wieder neue Aromen preis. Ein Grund mehr, sich Zeit zu nehmen.

WELCHE FRAGEN KÖNNEN WIR MITTELS SENSORIK LÖSEN?

Die Sensorik wird, neben anderen Analysen, im Lebensmittelbereich meist als eine Form der Qualitätsbeurteilung herangezogen. Die Wahl der Methode richtet sich nach der Fragestellung. Eine brauchbare Prüffrage ist in der Sensorik Voraussetzung für eine erfolgreiche Analyse, da die Antwort des Prüfers von der Frage abhängt. Die Frage muss klar sein, sie darf keine Interpretationsmöglichkeiten bieten.

In der Sensorik lassen sich die folgenden vier Typen von Fragen unterscheiden:

Die Frage nach dem Unterschied

Besteht ein Unterschied zwischen zwei Proben? Beispiel: Unterscheidet sich Wein A von Wein B – nach einem Verschnitt oder nach einer Süßung? Die beiden möglichen Antworten sind ja oder nein.

(→ Unterschiedsprüfung, S. 49; → Duo-Trio-Test, S. 49)

Die Frage nach der Bevorzugung

Mag man die Probe, oder mag man sie nicht?

Das ist die hedonistische Frage nach der Beliebtheit der Probe. Diese Frage ist vor allem wichtig bei Konsumentenbefragungen. Sie gibt allerdings mehr Information über den Prüfer und dessen Vorlieben als über die vorgelegte Probe.

DIE FRAGE NACH DER INTENSITÄT EINES STIMULUS

Wie intensiv wird ein Merkmal empfunden? Die Qualität des Stimulus ist dabei nicht von Interesse, sie beeinflusst aber unter Umständen die Intensitätsempfindung. Beispiel: Wie intensiv ist der Unterschied zwischen Wein A und Wein B in Bezug auf eine bestimmte Komponente?

DIE FRAGE NACH DER QUALITÄT EINES STIMULUS

Es geht dabei um die Beschreibung einer Sinneswahrnehmung. Es ist die komplexe Frage nach der Identität eines Stimulus. Beispiel: Welche Stimuli erzeugt die Vergärung bei niederen Temperaturen im Vergleich zu einer Vergärung bei höheren Temperaturen?

Stimulus = Reiz, der eine Reaktion auslöst

Das Beschreiben einer Empfindung erfordert ein Vokabular. Unser Vokabular umfasst drei Typen von Wörtern zur Beschreibung eines Stimulus:

1. exakt beschreibende, sachbezogene Wörter wie Rose, Banane, Apfel
2. vage beschreibende Wörter wie blumig, fruchtig, krautig
3. hedonistische Wörter wie schön, gut, frisch

Die Beschreibung eines Stimulus nach den Regeln der Sensorik setzt eine einheitliche Verwendung des Vokabulars und somit auch eine einheitliche Schulung der Prüfer voraus. Damit scheiden die hedonistischen Begriffe aus, da diese lediglich die persönlichen Vorlieben des Prüfers wiederspiegeln und somit keine objektive Bewertung ermöglichen.

Die vage beschreibenden Wörter werden in der Sensorik viel gebraucht. Für Gerüche lassen sie sich mit Referenzsubstanzen schulen. Sie haben den Vorteil, dass verschiedene, aber dennoch ähnliche Geruchseindrücke mit einem Wort bezeichnet werden können, was das notwendige Vokabular relativ klein hält.

Die exakt beschreibenden sachbezogenen Wörter erlauben eine genauere Aussage über einen Stimulus und sind nach den Erkenntnissen der Wahrnehmungspsychologie auch am leichtesten zu schulen. Allerdings kann die Zahl der Wörter in einem Vokabular zu groß und damit unüberschaubar werden.

In der beschreibenden Sensorik wird deshalb meist ein Vokabular aus teils vagen und teils exakt beschreibenden Begriffen gebraucht.

(→ Profilprüfung, S. 49)

PRÜFMETHODEN

Paarweise Unterschiedsprüfung

Die Prüfer erhalten mehrere unbekannte Probenpaare und testen diese auf eventuelle Differenzen. Ist ein Unterschied feststellbar, wird dies in einer Tabelle festgehalten. Die Anzahl der bejahenden Antworten wird anschließend statistisch ausgewertet. Diese Prüfmethode bietet sich an, wenn die Unterschiede spezifiziert werden können.

Dreiecksprüfung oder Triangeltest

Der Triangeltest ist die am meisten gebräuchliche, empfindlichste und psychophysikalisch am besten untersuchte Methode für Unterschiedsprüfungen. Den Prüfern werden eine oder mehrere Gruppen von jeweils drei Weinen vorgestellt. Zwei davon sind identisch. Die abweichende Probe ist von den Prüfern zu ermitteln. Die Auswertung erfolgt anhand der Binomialverteilung nach DIN 10951. Der Triangeltest kommt zur Anwendung, wenn der Unterschied nicht spezifiziert werden kann.

Der Duo-Trio-Test

Hier werden den Prüfern eine Einzelprobe und ein oder mehrere Probenpaare vorgestellt. Eine Probe jeden Paares ist identisch mit der Einzelprobe. Diese gilt es zu erkennen. Die Auswertung erfolgt, anhand einer Tabelle. Der Test kommt zum Einsatz, wenn der Unterschied nicht spezifiziert werden kann.

Rangordnung

Mittels Rangordnung ist es möglich eine rasche Klassifizierungen nach einem bestimmten Merkmal vorzunehmen. Es können Unterschiede herausgestellt werden. Durch mehrere Proben im Vergleich, ist die Rangordnung auch die Methode der Beliebtheitsprüfungen (Präferenztest).

Profilprüfung

Mit der Profilmethode können die Sinneseindrücke eines Weines beschrieben und mehrdimensional dargestellt werden. Verschiedene Stimuli (Geruch, Geschmack, Farbe, Textur) werden mittels einer Ordinal- oder einer Verhältnisskala gemessen.

Methodisch formale Profilprüfungen sind, bedingt durch einen hohen Schulungsaufwand für die Prüfer und die großen Datenmengen, sehr aufwendig. Allerdings ist es oftmals die einzige Möglichkeit, gewisse Qualitätseigenschaften oder Grenzen überhaupt zu messen. So können Weine beschrieben, bildlich dargestellt und unterschieden werden. Worin unterscheiden sich beispielsweise adäquate Silvanerweine unterschiedlicher Herkünfte? Wie ist der Einfluss verschiedener oenologischer Verfahren auf das Geschmacksbild des Weines? Die Hauptschwierigkeit liegt in der Notwendigkeit eines einheitlichen Vokabulars.

Vokabular

Jeder Prüfer hat zunächst einen persönlichen Wortschatz. Für die Beschreibung von Wein-Aromen, muss deshalb ein einheitliches und schulbares Vokabular erarbeitet werden. Dabei ist die Anzahl der Begriffe festzulegen. Zu viele Begriffe überfordern die Prüfer, zu wenige Begriffe machen die Unterscheidung der Gerüche unmöglich.

Aus Gründen der schulbarkeit und einer klaren Verständigung sollte das Vokabular auf einer anerkannten Geruchsklassifizierung beruhen. Die Kapazität der Prüfer für die Beurteilung von Gerüchen mit 12 bis 16 Begriffen beträgt 6 bis 8 Proben pro Test, die notwendigen Wiederholungen zur Leistungskontrolle inbegriffen. Zur Auswertung werden die Mittelwerte aller Prüfer für jeden Begriff berechnet.

Grafische Darstellung der Daten

Die Ergebnisse von Profilanalysen präsentieren sich als vielschichtige Datensätze, die den bekannten Methoden der Datenanalyse zugänglich sind. Primäres Ziel des Sensorikers ist aber deren Sichtbarmachen, ohne auf die Zusammenhänge zwischen den Variablen näher einzugehen. In der Sensorik finden vorwiegend Balken- und Sterndiagramme Verwendung.

Intensitätsmessungen

Die Intensität von Geruch und Geschmack eines Weines sowie die entsprechende Intensität der Sinnesempfindung kann nur sensorisch gemessen werden. Dagegen lässt sich die Intensität von Geräuschen und Farben aufgrund ihres Wellencharakters auch physikalisch messen. Zwischen der Konzentration eines Stimulus und der empfundenen Intensität besteht eine exponentielle Beziehung (Stevens' Gesetz). Zur Berechnung brauchbarer Werte, wird eine Verhältnisskala benötigt. Der Prüfer muss für die vorgelegte Probe einen Verhältniswert zum Standard benennen. Hierfür ist ein hoher Schulungsaufwand nötig.

DESKRIPTIVE WEINSENSORIK MITTELS AROMA-RAD

Die Sensorik ist ein Maßstab und eine Kommunikationsgrundlage für die Beurteilung von Weinen.

Die Vielfalt zu erkennen, zu koordinieren und zu kommunizieren ist nur mittels einer verständlichen – Fachleuten und Laien ebenso geläufigen – und praktikablen Sprache möglich.

Bedingt durch die Topografie, gibt es bei deutschen Weinen viele verschiedene, äußerst unterschiedliche Ausprägungen.

Die derzeitigen Punkteskalen des DLG- oder des OIV-Schemas sowie die häufig praktizierte Weinansprache sind für niemanden besonders hilfreich und versetzt Fachleute und Laien oft in eine skeptische Zurückhaltung.

Angenommen, eine Silvaner-Spätlese, ausgebaut nach der Sur lie-Methode mit klassischem Säureabbau, wird vom Prüfer A mit 4,5 Punkten bedacht, während sein Kollege B diesen Wein mit mageren 2 Punk-

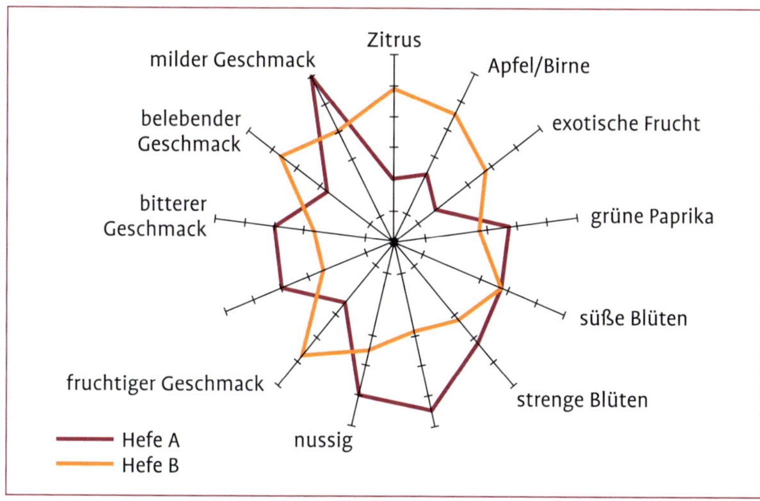

Die Quantitativ Deskriptive Analytik (QDA) ist eine Methodik für lebensmittelsensorische Prüfungen. Sie besteht aus einer Beschreibung, beispielsweise „fruchtiger Geschmack" und einer Bewertung der Stärke, beispielsweise „stark ausgeprägt". Die Stärke wird auf den Skalen eingetragen, am Ende entsteht ein Spinnendiagramm, das Auskunft über sensorische Unterschiede gibt.

ten abspeist. Hier wurde keine objektive, sondern eine subjektive Bewertung vorgenommen. Beide Prüfer haben also unterschiedliche Auffassungen von einer Silvaner-Spätlese. Dem Prüfer A gefallen anscheinend die buttrig nussigen, an Karamell erinnernden Aromen und die geringe Säure, während Prüfer B die an Diacetyl erinnernden, evtl. käsigen Noten mit dem unterlegten Hefe-Ton negativ bewertet. Die persönliche, hedonistische Vorstellung, sprich die individuelle Genussvorstellung, bestimmt das Urteil über einen Wein.

Ein weiteres Beispiel: Die Säuregehalte von Weißweinen liegen in einer großen Spannbreite von 5–10 g/l. Das könnte bedeuten: Der eine Prüfer empfindet 5 g/l Gesamtsäure bei entsprechendem pH-Wert, sofern er diesen überhaupt berücksichtigt, als optimal; sein Kollege dagegen würde einen solchen Weine als mangelhaft bezeichnen. Andere geschmacksbestimmende Parameter wie Zuckergehalt, Alkohol, Kohlensäure, Holznoten, Gerbstoffgehalte, stellen da keine Ausnahme dar.

Hieraus wird ersichtlich, dass die Bewertung nach einem Punkte-Schema meist nur die unterschiedlichen Präferenzen der Verkoster bewertet, nicht aber die Unterschiede zwischen den Weinen. Denken wir nur an die Vergabe von Medaillen bei der Weinprämierung: Die Angabe einer Durchschnittspunktzahl sagt nichts über Vorzüge oder Mängel der Weine aus. Gerade hier wäre aber ein guter Ansatz, könnte man doch anhand von Präferenzen des einen oder anderen Weines Rückschlüsse auf die Oenologie ziehen. Zumindest würde man Hinweise bekommen, weshalb der Wein positiv oder negativ bewertet wurde. Zur praktischen und vor allem wissenschaftlichen Messung von sensorischen Unterschieden zwischen Weinen ist also eine andere Bewertung notwendig.

Erfreulicherweise werden Weine schon seit geraumer Zeit in den Konsumentenzeitschriften neben einer Punktevergabe mit beschreibenden Attributen charakterisiert. Wie schon in der Einleitung erwähnt, sind die Beschreibungen von Fehlern und Krankheiten recht anschaulich und allgemein verständlich (dumpf, muffig, grün, bitter, käsig). Sehr phantasievolle Beschreibungen sind meist ebenso unbrauchbar, wie eine reine Punkteskala.

Hedonistische Begriffe, wie rassig, vornehm, stoffig, elegant, aggressiv werden häufig benutzt, sagen aber im Grunde genommen wenig aus (z. B. „stoffig": Wie schmeckt Stoff?).

Jeder hat eine andere Vorstellung von diesen Begriffen. In der wissenschaftlichen Sensorik sollten sie daher möglichst vermieden werden; in der Weinansprache bei Weinproben sind sie dennoch hilfreich.

Am besten verwendet man Begriffe aus dem Alltag, welche riech- oder schmeckbar wahrgenommen werden können.

Aufgrund dieser Unzulänglichkeiten in der Weinkommunikation entwickelte man in den USA sogenannte Aroma-Räder für die verschiedensten Branchen der Lebensmittelindustrie (Aroma-Räder für Kaffee, Tee, Bier, Cola, Whisky, Fleisch oder Schokoladen), um in Fachkreisen exakt ein und dieselbe Sprache zu sprechen. Hiervon inspiriert entwickelte eine Arbeitsgruppe um die Professorin Ann C. Noble der University of California/Davis ein Weinaromarad. Seit dem Sommer 1998 gibt es auch ein spezielles Aroma-Rad für deutsche Weiß- und Rotweine, das von einer Expertengruppe, unter der Leitung von Dr. Ulrich Fischer/Neustadt, in wertvoller Kleinarbeit erarbeitet wurde. Das deutsche Weinaroma-Rad ist unterteilt in drei aufeinander abgestimmte Kreise:

Die mittlere Gruppe ist eingeteilt in 7 Hauptaromaklassen und 1 Klasse für den Geschmack. Der äußerste Kreis fächert dann weiter in 55 bis 68 Aromen und 14 bis 15 Geschmackseindrücke auf. Zur einfachen Handhabung sind die jeweiligen Aromaräder mit einem „Start" versehen. Dort beginnend kann man über die Hauptsegmente zu den näheren Geruchs- und Geschmacksattributen gelangen. Der Vorteil der verwendeten Aromen liegt in ihrer Alltäglichkeit in Bezug auf Früchte und Gewürze sowie bekannte Materialien, die, sofern sie nicht geläufig sind, doch jederzeit durch entsprechende Übung erarbeitet werden können.

Durch die Konzeption des Aroma-Rades wurden auch Rezepte für die Herstellung von Geruchsreferenzen (Standards) entwickelt. So verwendet man meist Naturaromen, da sie große Vorzüge gegenüber den chemischen Stoffen besitzen und oft die einzige Möglichkeit bieten, gewisse Weinaromen überzeugend darzustellen.

Aus einer einzigen Aroma-Komponente kann man kein Weinaroma fixieren. Das Aroma einer Aprikose, eines Apfels oder eines Pfirsichs, besteht aus sehr vielen Substanzen. Im Kaffeearoma wurden beispielsweise über 800 Stoffe nachgewiesen.

Durch die Herstellung solcher Standards ist es möglich, die eigenen Sinne zu schulen bzw. zu schärfen und die Aromenvielfalt der Weine für ein breites Publikum zu öffnen.

Wir wissen, dass wir keinen Wein allein über die retronasale Aromenwahrnehmung verkosten können, ohne unseren Geruchssinn zu aktivieren. Aus diesem Grunde ist der Geruchssinn, wenn auch für viele unbewusst, der oft ausschlaggebende Sinn bei der Beurteilung der Weinqualität. Das bedeutet: In den meisten Fällen werden Weine die aromatisch überzeugen, im Gesamturteil bei sonst gleichen Bedingungen besser beurteilt.

Das Weinaroma-Rad

Grundsätzlich ist das Weinaroma-Rad nur als ein Hilfsmittel zur Weinbeschreibung anzusehen. Es erhebt keinen Anspruch auf Vollständigkeit. Zudem benötigt man eine gewisse Zeit der Eingewöhnung, um sich das Vokabular anzueignen. Limitieren lassen darf man sich auf gar keinen Fall. Allein bei dem Attribut Apfel gibt es viele Variationen.

Viele Fragen in der Weinbereitung, z. B. Auswirkungen bestimmter Hefen, Crossflow-Filtration, höherer Kohlensäuregehalt – können nur durch die Anwendung der deskriptiven Weinsensorik beantwortet werden. Je exakter, je wissenschaftlicher das Resultat sein muss, umso wichtiger sind die Vorbereitungen, der Zeit- und der Personalaufwand – ein Aufwand, der sich jedoch lohnt.

Mittels beschreibender Weinsensorik ist es auch möglich, durch grafische Darstellungen Unterschiede verkosteter Weine transparent zu machen. Man kann seiner Kundschaft durch die Vorgabe bestimmter geruchlicher oder geschmacklicher Attribute Anreize geben.

Blickt man dagegen, auf die leider noch häufig anzutreffende Weinbeschreibungen für einen Riesling (typische Rieslingfrucht), so kann man sich vorstellen, dass diese den Konsumenten sicher nicht vom Hocker reißt. Welche Frucht sollte ein Riesling sonst haben außer eben einer Rieslingfrucht?

Auch für den Oenologen bietet die beschreibende Sensorik wichtige Hinweise. So kann er seine Schlüsse aus Bewertungen wie frische Frucht, Zitrusnoten, oder reifer Apfel/Birne ziehen. Genau wie aus Nennungen wie käsig oder buttrig. Er kann die sensorischen Auswirkungen weinbaulicher oder kellerwirtschaftlicher Maßnahmen bewerten oder sogar Vorgaben für einen bestimmten Weintyp machen und diese dann bewerten. (Fischer, U. 2012)

START
FRUCHTIG
grüne Frucht
Zitrusfrucht
heimische Frucht
tropische Frucht
künstliche Frucht
gekochte Frucht
Dörrobst
grüner Apfel (Granny Smith)
Stachelbeere
Weinbergspfirsich
Zitrone
Grapefruit
reifer Apfel (Cox Orange)
Birne
Pfirsich
Aprikose
Quitte
schwarze Johannisbeere
Banane
Ananas
Honigmelone
Mango
Maracuja (Passionsfrucht)
Eisbonbon
Apfelkompott
Birnenkompott
Orangenkonfitüre
getrocknete Aprikose
Rosinen
überreife Banane
BLUMIG
süße Blüten
strenge Blüten
Rose
Jasmin
Akazie
Schafgarbe/wilde Möhre
Geranie
Flieder
PFLANZLICH/VEGETATIV
frisch vegetativ
gekocht vegetativ
getr. vegetativ
Gras
Minze/Melisse
Eukalyptus
phenolisch/rappig
grüne Bohne
grüner Spargel
Artischocke
Heu
schwarzer Tee
WÜRZIG
strenge Gewürze
süße Gewürze
Muskat
Liebstöckel (Maggikraut)
schwarzer Pfeffer
Ingwer
Vanille
Gewürznelke
Zimt
KARAMELISIERT
karamelisiert
nussig
Mandel
Haselnuß
Walnuß
Karamel
Honig
Malz
Bienenwachs
RAUCHIG
rauchig
holzig
mineralisch
Leder
geräucherter Speck
Teer
Alter Holzschrank
getoastetes Holz
Harz
nasser Schiefer
erdig
MIKROBIOLOGISCH
mikrobiologisch
Joghurt
Butter
Sherry
nasse Wolle
Champignon
Waldboden
Käse
Ethylacetat
GESCHMACK
Intensität
Geschmack
Gaumeneindruck
Körper
Gesamteindruck
dünn
dicht
sauer
süß
bitter
prickelnd
scharf
weich
leicht
kräftig
ölig
unharmonisch
ausgewogen
komplex

Wein ist zu vielfältig, um ihn mit wenigen Worten zu beschreiben!

Das faszinierendste am Wein ist seine große geschmackliche Vielfalt. Das Aroma deutscher Weißweine erinnert an viele Früchte, Blumen und Gewürze, die wir aus dem täglichen Leben kennen. Das vom Bund Deutscher Oenologen entwickelte Aromarad hilft Ihnen dabei, Ihre Sinneseindrücke beim Riechen und Schmecken treffend in Worte zu fassen. Viel Spaß dabei!

Treffende Aromabeschreibungen für deutsche Weißweine

Riesling	Müller-Thurgau	Silvaner	Kerner	Grauburgunder/ Weißburgunder	edelsüße Weine
Weinbergspfirsich Apfel Grapefruit Rosenblüte Honig frisches Gras	grüner Apfel Zitrone schwarze Johannisbeere Geranie Muskatnuß grüner Paprika	Stachelbeere Birne Heu Artischocke Minze Rauch	Birne Orangenkonfitüre schwarze Johannisbeere Aprikose Eisbonbon grüne Bohne	Ananas Aprikose Zitrone grüne Bohne Butter Vanille	Honig Karamel Aprikose Pfirsich Mango Rosine

Zum Gebrauch des Wein-Aromarades für Weißweine

Das Weißwein-Aromarad ist in 8 Segmente aufgeteilt, die im inneren Kreis in 25 übergeordnete Geruchs- und Geschmacksnoten aufgegliedert sind. Mit den Begriffen des inneren Kreises treffen Sie eine Vorentscheidung, die Sie anhand der 82 Geruchs- und Geschmacksnuancen des äußeren Kreises genauer beschreiben können. Die hier vorgegebenen Begriffe sollen aber nur eine Anregung sein. Nutzen Sie Ihre eigene Phantasie und Ihr eigenes Vorstellungsvermögen, um Ihre Geruchs- und Geschmackseindrücke noch treffender zu beschreiben. Werden Sie ein echter Kenner deutscher Weine.

Entwicklung: Dr. Ulrich Fischer, Bund Deutscher Oenologen; A.C. Noble
Produktion: Studio Ordnung, Frankfurt

Aroma-Rad für deutsche Weißweine.
Entwicklung: Deutsches Weininstitut GmbH; Herr Prof. Ulrich Fischer, DLR Rheinpfalz

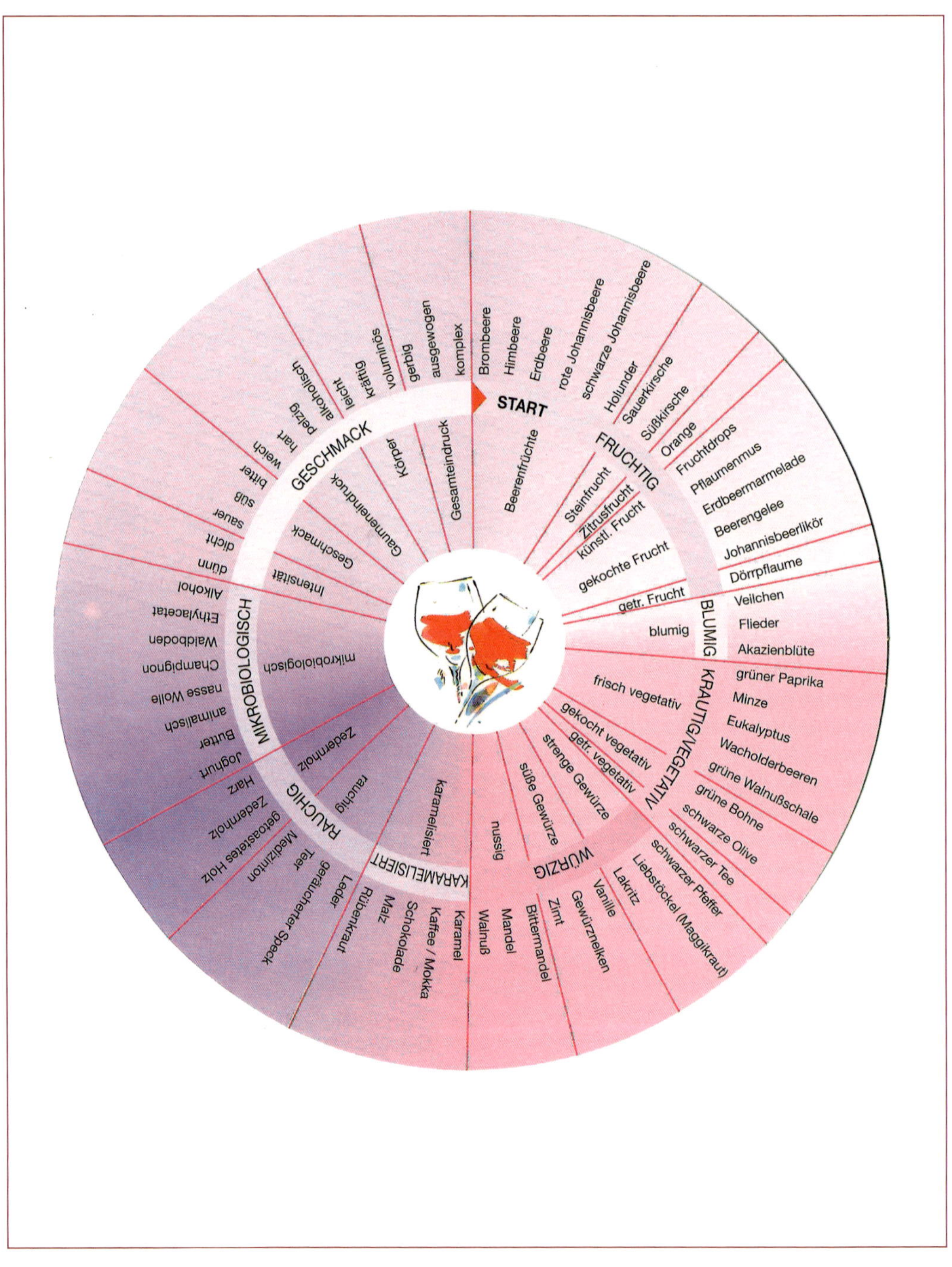
START
FRUCHTIG
Beerenfrüchte
Brombeere
Himbeere
Erdbeere
rote Johannisbeere
schwarze Johannisbeere
Holunder
Steinfrucht
Sauerkirsche
Süßkirsche
Zitrusfrucht
Orange
künstl. Frucht
Fruchtdrops
gekochte Frucht
Pflaumenmus
Erdbeermarmelade
Beerengelee
Johannisbeerlikör
getr. Frucht
Dörrpflaume
BLUMIG
blumig
Veilchen
Flieder
Akazienblüte
KRAUTIG/VEGETATIV
frisch vegetativ
grüner Paprika
Minze
Eukalyptus
gekocht vegetativ
Wacholderbeeren
grüne Walnußschale
getr. vegetativ
grüne Bohne
schwarze Olive
schwarzer Tee
WÜRZIG
strenge Gewürze
schwarzer Pfeffer
Liebstöckel (Maggikraut)
Lakritz
Vanille
Gewürznelken
süße Gewürze
Zimt
Bittermandel
nussig
Mandel
Walnuß
KARAMELISIERT
karamelisiert
Karamel
Kaffee / Mokka
Schokolade
Malz
Rübenkraut
RAUCHIG
rauchig
Leder
geräucherter Speck
Teer
Medizinton
getoastetes Holz
Zedernholz
Zedernholz
Harz
MIKROBIOLOGISCH
mikrobiologisch
Joghurt
Butter
animalisch
nasse Wolle
Champignon
Waldboden
Ethylacetat
Alkohol
GESCHMACK
Intensität
dünn
dicht
Geschmack
sauer
süß
bitter
weich
hart
pelzig
Gaumeneindruck
alkoholisch
leicht
kräftig
Körper
voluminös
gerbig
Gesamteindruck
ausgewogen
komplex

Wein ist zu vielfältig, um ihn mit wenigen Worten zu beschreiben!

Das faszinierendste am Wein ist seine große geschmackliche Vielfalt. Das Aroma deutscher Rotweine erinnert an viele Früchte, Blumen und Gewürze, die wir aus dem täglichen Leben kennen. Das vom Bund Deutscher Oenologen entwickelte Aromarad hilft Ihnen dabei, Ihre Sinneseindrücke beim Riechen und Schmecken treffend in Worte zu fassen. Viel Spaß dabei!

Treffende Aromabeschreibungen für deutsche Rotweine

Spätburgunder	Portugieser	Dornfelder	Schwarzriesling	Lemberger	Trollinger
Erdbeere Brombeere Veilchen Rauch Leder Vanille	rote Johannisbeere Sauerkirsche Himbeere schwarzer Pfeffer Wacholderbeere	Sauerkirsche Brombeere schwarze Johannisbeere grüner Paprika Vanille Butter	Süßkirsche Erdbeere Orange getrocknete Pflaume Rauch	schwarze Johannisbeere Brombeere Sauerkirsche Fruchtdrops grüner Paprika Wacholderbeere	Fruchtdrops rote Johannisbeere Sauerkirsche Zitrone grüne Bohne

Zum Gebrauch des Wein-Aromarades für Rotweine

Das Rotwein-Aromarad ist in 8 Segmente aufgeteilt, die im inneren Kreis in 22 übergeordnete Geruchs- und Geschmacksnoten aufgegliedert sind. Mit den Begriffen des inneren Kreises treffen Sie eine Vorentscheidung, die Sie anhand der 70 Geruchs- und Geschmacksnuancen des äußeren Kreises genauer beschreiben können. Die hier vorgegebenen Begriffe sollen aber nur eine Anregung sein. Nutzen Sie Ihre eigene Phantasie und Ihr eigenes Vorstellungsvermögen, um Ihre Geruchs- und Geschmackseindrücke noch treffender zu beschreiben. Werden Sie ein echter Kenner deutscher Weine.

Entwicklung: Dr. Ulrich Fischer, Bund Deutscher Oenologen; A.C. Noble
Produktion: Studio Ordnung, Frankfurt

Aroma-Rad für deutsche Rotweine.
Entwicklung: Deutsches Weininstitut GmbH; Herr Prof. Ulrich Fischer, DLR Rheinpfalz

OBJEKTIVITÄT UND SENSORIK – EIN WIDERSPRUCH?

Obwohl die Ergebnisse von Verkostungen oftmals eine gewisse Uneinheitlichkeit aufweisen, eignet sich nur diese Methode zur Beurteilung von Weinen. Im Vergleich zu anderen Sinneseindrücken, wie z. B. Lautstärke (0,016) und Tonhöhen (0,003), sind die Abweichungen im olfaktorischen Bereich (0,25) zwar relativ hoch, doch wenn man die Vielfalt der Duftstoffe betrachtet, so wird schnell klar, dass aufgrund der hohen Anzahl von Gerüchen und Geruchskombinationen auch eine viel größere Heterogenität in der Wahrnehmung ein und desselben Geruchs entstehen kann.

Hinzu kommt, dass beim Verkosten von Wein nicht nur Einzelparameter (wie z. B. Süße oder Säure) wahrgenommen werden, sondern eine Summe von Inhaltsstoffen und deren gegenseitigen Beeinflussung. Einzeln betrachtet würden die Eindrücke kein Gesamtbild entstehen lassen. Erst die menschliche Fähigkeit, die einzelnen Sinneseindrücke unbewusst zu einem Gesamteindruck zusammenzufügen, ermöglicht das Genusserlebnis. Der Einzelprüfer kann dabei wertvolle Daten liefern.

Für die Qualitätskontrolle empfiehlt sich die Verwendung einer ausreichend großen Prüfergruppe, da so eventuelle Fehlerquellen ausgemittelt werden können.

Ein solches Genusserlebnis ist bei der rein chemisch-physikalischen Analytik nicht gegeben. Lebensmittel, die für den Genussverzehr erzeugt werden, können deshalb nicht anhand von Detektoren geprüft werden. Die Fähigkeit der Erkennung von Wechselbeziehungen ist nur den menschlichen Sinnen gegeben. Zudem besitzen die menschlichen Sinne teilweise eine sehr viel höhere Empfindlichkeit als die Detektoren der klassischen Analytik. Gewisse Stoffe werden von unserem Geruchsinn viel früher erfasst als bei der Anwendung eines Gaschromatografen (z. B. Schwefelwasserstoff, Methoxypyrazin). Der erfahrene Sensoriker kann oftmals bereits beginnende Veränderungen eines Weines erkennen, lange bevor Anomalien messbar werden. Qualitätsabweichungen eines an sich normalen Weines sind deshalb frühzeitig meist nur mit einer sensorischen Analyse erfassbar. Die Ergebnisse der klassischen Analytik bekommen dagegen nur in Verbindung mit der Sensorik Gewicht. Werden beispielsweise durch ein klassisches Analyseverfahren erhöhte Säurewerte im Wein festgestellt, müssen diese durch die Sensorik bestätigt werden; alleine haben sie wenig Aussagekraft.

Durch die Sensorik ist es möglich, die subjektiven Empfindungen beim Verkosten von Wein in eine einheitliche, objektive und nachvollziehbare Sprache zu transformieren. Die Ergebnisse sensorischer Prüfverfahren sind demnach wissenschaftlich reproduzierbar und genügen dem Anspruch der Objektivität.

WEINFEHLER

Fehler im Wein: man kann das als ein unattraktives Thema der Weinsensorik betrachten, besser ist es, dieses Gebiet als Facette der komplexen Weinwelt zu sehen. Aus Fehlern lernt man. Deshalb ist es für den Oenologen so wichtig, nicht nur einen Fehler zu erkennen, sondern sich auch um seine Ursache zu kümmern. Nur so können Fehler in Zukunft zielgerichtet vermieden werden.

Aber auch für den interessierten Verbraucher ist das Wissen über Weinfehler und deren Hintergründe von Vorteil. Die subjektive Aussage „Dieser Wein schmeckt mir nicht" ist noch lange kein Hinweis auf die Fehlerhaftigkeit eines Weines. Sie gibt höchstens Aufschluss über den persönlichen Geschmack. Weist ein Wein dagegen eine korkige Note auf, ist das ein berechtigter Grund für eine Reklamation. Wenn es um Weinfehler geht, gilt es also auch, zwischen Objektivität und Subjektivität zu unterscheiden.

Weinfehler sind ein Teil des komplexen Gebietes der Weinsensorik und helfen Ihnen dabei ihr Wissen zu vertiefen und Weine besser einschätzen zu können.

Kritik ist redseliger als Lob. Daher Vorsicht: Ziel dieses Kapitels ist es keinesfalls, in jedem Wein nach einem Fehler zu suchen.

Die Problemfelder, welche die Güte eines Weines vermindern können, lassen sich in drei Kategorien einteilen:

Fehler
Sie sind im Allgemeinen chemischer Natur und beruhen meist darauf, dass weinfremde Stoffe aufgenommen oder gebildet werden und dadurch Geruch, Geschmack oder Aussehen beeinträchtigt sind (Kork, Muff, Schwermetalltrübungen, Oxidation, Umwelttöne, Eiweißtrübung, Böckser).

Mängel
Darunter versteht man Wertminderungen, die durch Mangel oder Übermaß eines oder mehrerer für den Wohlgeschmack des Weines wesentlicher Weinbestandteile entstehen (zu hohe/zu niedrige Gesamtsäure, zu hoher/zu niedriger Alkoholgehalt).

Krankheiten
Ursache für Krankheiten sind biologische Vorgänge durch Bakterien oder Hefen, welche den Wein negativ verändern (Äthylacetat, flüchtige Säure, Mäuseln, BSA-Note).

In den folgenden Ausführungen wird nur noch der Begriff Weinfehler gebraucht. Dieser Begriff ist somit als die Summe aller negativen Auswirkungen auf die Weinqualität gemeint. Eine weitere Unterscheidung in Fehler, Mängel oder Krankheiten wird nachfolgend nicht mehr vorgenommen. Zum besseren Verständnis wird jedoch bei der alphabetischen Nennung der Weinfehler auf die jeweilige Kategorie hingewiesen.

AUSWIRKUNGEN IN DER PRAXIS

Fehlerhafte Weine stellen eine Belastung des Betriebsablaufs dar. Je früher eine negative Veränderung bemerkt wird, umso leichter kann diese behoben werden. Besonders wichtig ist eine kontinuierliche sensorische Kontrolle während des Ausbaus. Drei bis vier Wochen vor dem Fülltermin muss dann eine kritische Überprüfung der analytischen Parameter (freie schweflige Säure, Alkohol-Restzucker-Verhältnis) erfolgen.

Die Anomalien oder Auffälligkeiten lassen sich nicht immer so eindeutig zuordnen wie bei der untypischen Alterungsnote (utA). Der Begriff „biologisch negativ verändert“ (bnv) steht beispielsweise als Sammelbegriff für sensorische Veränderungen, die durch unerwünschte mikrobiologische Aktivitäten entstehen.

Ähnliches gilt auch für andere Bezeichnungen:

Der sensorische Eindruck *faulig, böcksrig* umschreibt primär eine Hefestoffwechselstörung. Als weitere Ursachen sind aber auch andere Störungen, wie Umwelteinflüsse, mangelhaftes Lesegut oder eine ungenügende Vorklärung, möglich.

Hinter dem Begriff *Schimmel* oder *Muff* können sich äußere oder innere Umwelteinflüsse, oder echter Schimmelbefall verbergen. Sogar der negative Einfluss eines Naturkorkens kann sich sensorisch ähnlich präsentieren.

Ein Vorversuch kann zur Urteilsfindung beitragen. Auf jeden Fall sollte er einer Behandlung vorausgehen, um die Wirksamkeit der Maßnahme und die benötigte Aufwandmenge zu bestimmen.

Die direkte Zuordnung der Fehlerquelle ist nicht immer leicht. Um die Ursachen zu finden, müssen nicht selten alle Einflüsse vom Weinberg über den kellerwirtschaftlichen Ausbau bis hin zu den Lagerbedingungen des gefüllten Weines betrachtet werden.

FEHLERVERMEIDUNG

Wie in vielen Lebensbereichen, bedarf es auch in der Oenologie oftmals nur eines geringen Aufwandes, um mögliche Fehlentwicklungen bereits im Vorfeld zu vermeiden oder deren Auswirkungen zumindest zu minimieren.

Grundsätzlich sind selbstverständlich alle Maßnahmen der Kellerhygiene zu beachten. Bei den drei großen „S“ der Kellerwirtschaft – sauber, schonend, schnell – tragen vor allem Sauberkeit und Schnelligkeit zur Eindämmung unerwünschter mikrobiologischer Aktivitäten bei.

- Gibt es eventuell belastete Behandlungsstoffe oder Gegenstände?
- Gegenstand/ Stoff zur Probe in klarem Wasser einweichen und abriechen/ abschmecken.
- Im Zweifelsfall: Behandlungsstoff entsorgen, Gegenstand erst nach bestandenere sensorischer Kontrolle einsetzen.
- Gegenstände immer sorgfältig reinigen und rechtzeitig auswechseln. Besondere Achtung auf Dichtungen und Gummimanschetten.

Alle Behandlungsstoffe, wie Bentonit, Kohle, PVPP, Kasein, Filterschichten, Kieselgur, Perlite, , müssen in geruchsneutraler und trockener Umgebung gelagert werden, um eine Beeinträchtigung des Weines zu vermeiden. Gleiches gilt selbstverständlich auch für alle Dinge mit denen der Wein in Kontakt kommt (Gerätschaften, Schläuche, Pumpen, Flaschen, Verschlüsse)..

Analysenlösungen sind nur begrenzt haltbar. Hersteller geben nach eigenen Angaben für die meisten Labormittel ca. 6 Monate als Mindesthaltbarkeit an. Ein Abgleich eigener Analysendaten mit den parallel erstellten Ergebnissen eines Fachlabors schafft im Zweifelsfall Sicherheit.

Beginnen sie frühzeitig mit den Vorbereitungen für die Abfüllung eines Weines. Eine gewissenhafte sensorische Überprüfung mit Füllverschnittproben sollte mindestens zwei Wochen vor dem Fülltermin erfolgen. Nur dann ist genügend Spielraum für mögliche Korrekturmaßnahmen und die Ermittlung der benötigten Aufwandsmengen im Vorversuch.

Gleiches gilt für die Einstellung der freien schwefligen Säure. Diese muss bei der Füllung einen stabilen Wert aufweisen. Bei zu niedrigen oder instabilen Werten an freier schwefliger Säure muss eine erste Ana-

Nur die richtige Probenentnahme aus der Tankmitte gewährleistet eine Durchschnittsprobe. Probierhahn und Standrohr sind dafür ungeeignet.

lyse und die Aufschwefelung drei bis vier Wochen vor dem Fülltermin erfolgen.

Gehalte an stabiler freier schwefliger Säure zur Füllung (ohne Reduktion):
Weißwein 45–50 mg/l
Rotwein 40–45 mg/l
„Stabil“ bedeutet, dass der angepeilte Wert sich innerhalb von fünf Tagen nicht mehr verringert.

RICHTIGE WEINBEURTEILUNG

Seien Sie selbstkritisch mit sich und Ihren Weinen. Eine selbstzufriedene Einstellung unterbindet die notwendige Bereitschaft zu Verbesserung und Entwicklung.

Die zuverlässige Entnahme einer Durchschnittsprobe ist eine grundlegende Voraussetzung. Ziehen Sie die Probe mit Hilfe des Ziehschlauchs aus der Mitte des Gebindes. Eine Entnahme aus dem Probierhahn sollte nur in Ausnahmefällen erfolgen. Die Probenflaschen und die Verschlüsse müssen selbstverständlich sauber und geruchsneutral sein.

Wählen Sie die richtigen Gläser. Die beiden Gläser links sind ungeeignet.

Kelleratmosphäre: gut für die Romantik, ungeeignet für die fachliche Verkostung.

Mögliche Fehlerquellen können unsaubere Probeflaschen oder Verschlüsse, ein unsauberer Ziehschlauch (brüchige und rissige Schläuche aussortieren) oder die Probenentnahme aus dem Probierhahn (auch gutes Vorspülen kann Beeinflussungen nicht immer verhindern) sein. Eine mangelhafte Durchmischung des Gebindes lässt ebenfalls keine Durchschnittsprobe zu.

Lagert ein Wein in mehreren Gebinden unter verschiedenen Bedingungen (Edelstahlgebinde, Holzfass, Lagertemperatur, Volumina), entwickeln sich die einzelnen Partien sehr unterschiedlich. Vor einer Zusammenlegung der Teilpartien muss deshalb eine Probenentnahme aus allen Gebinden erfolgen. Sind die Einzelpartien sensorisch überprüft und für gut befunden, kann eine Zusammenlegung durchgeführt werden.

Trübungen verändern das Geschmacksbild, da sie eine maskierende Wirkung auf die Inhaltsstoffe ausüben. Die Feinheit der Aromen oder die Saftigkeit des Geschmacks sind dann nicht oder nur noch schwer erkennbar.

Eine mögliche Abhilfe bei zweifelhaften Fällen: Füllen Sie den Wein auf eine Flasche und ziehen Sie nach dem Absetzen den klaren Überstand ab, um ihn sensorisch zu prüfen.

Benutzen Sie geeignete Gläser (neues DIN-Glas, INAO-Glas oder Ähnliches). Ungeeignet sind Römer, Tonnenbecher, Säntisbecher oder ähnliche Glasformen. Die Gläser sollten geruchs- und geschmacksneutral sein. Lagern Sie die Gläser an einem geeigneten Ort. Überprüfen Sie Ihren Glasschrank, Ihre Glasvitrine nach Holz-, Lack- oder Staubgerüchen. Neutralisieren Sie das Glas vor der Probe mit etwas Wein und riechen Sie es zur Kontrolle ab (besonders wichtig auch bei Gläsern aus dem Karton). Beachten Sie bitte, dass das Glas nicht nur innen, sondern auch außen Gerüche der Umgebung annimmt. Die Verkostung sollte in einer neutralen Umgebung stattfinden. Kellerräume oder andere Räume mit

Probieren Sie die Weine bei Trinktemperatur : Weißwein, Rotling, Weißherbst und Rosé bei 8 bis 11 °C, Rotweine bei 12°bis 18 °C. Ziehen Sie die Proben rechtzeitig, damit sich diese temperieren können.

unter Umständen ausgeprägten Eigengerüchen sind absolut ungeeignet für eine professionelle Verkostung. Für eine aussagekräftige sensorische Einschätzung wird ein gut gelüfteter, heller, neutraler Raum benötigt.

Die Sinnenprüfung

Optische Prüfung

Die Farbe des Weines muss ohne jede Beeinflussung wahrgenommen werden. Farbige Weinglasstiele, getöntes Kunstlicht oder auch farbige Inneneinrichtungen verändern das Bild des Weines. Die ideale Umgebung ist ein möglichst heller weißer Raum mit Tageslicht.

Olfaktorische Prüfung

Wein im unbewegten Glas:

Ohne das Glas zu bewegen, nimmt man die feinsten, leichtesten und flüchtigsten Düfte des Weines auf. Hier lassen sich feine Aromen wie Zitrone, Minze, Eisbonbon, Banane und Rose erkennen. Am besten lassen Sie das Glas auf dem Tisch stehen und die Nase fächerförmig drüber gleiten.

Unterbrochene Glasbewegung:

Man macht alle 15 bis 20 Sekunden eine drehende Handbewegung, um die Aromen von mittlerer Flüchtigkeit zu entfalten (Blumen, Früchte, Kräuter) und riecht während den Bewegungspausen.

Anhaltende Glasbewegung:

Durch eine anhaltende Glasbewegung, bei der nur jeweils kurz zum Riechen innegehalten wird, befreit man die schweren Aromen.

Geschmackliche Prüfung

Bei der geschmacklichen Einschätzung muss beachtet werden, dass zuerst die Süße als dominanter Eindruck vor allem auf der Zungenspitze wahrgenommen wird. Dieser tritt aber auch schnell wieder in den Hintergrund. Zeitlich später, aber dafür länger wahrnehmbar ist der saure Geschmack, der sich auf die Zungenränder konzentriert. Bitterer Geschmack wird am Zungengrund erkannt und ist sehr beständig (zudem kumuliert dieser meist als negativ empfundene Eindruck, d. h. er wird mit jedem Reiz stärker wahrgenommen).

Durch die Bewegung und durch die Erwärmung des Weines im Mundraum werden weitere Aromen-Moleküle freigesetzt und über den retronasalen Weg (Verbindung von Mund- und Nasenraum) zur Riechschleimhaut weitertransportiert.

Die Nachhaltigkeit trägt bei der geschmacklichen Prüfung ebenfalls zur Einschätzung eines Weines bei. Nach dem Runterschlucken oder Ausspucken kann durch einfaches Mitzählen die Länge des Geschmackseindrucks festgestellt werden. Ein langer „Nachhall" zeugt nicht automatisch von hoher Qualität, bedarf es doch der Harmonie zwischen den Komponenten Säure, Süße und Alkohol.

Lassen Sie sich bei der Verkostung Zeit. Notieren Sie sich Ihre Überlegungen zu festgestellte Aromen und Eigenschaften der Weinproben. So entsteht eine Biografie, eine sensorische Vita zu jedem Wein, und so lassen sich Entwicklungen und Veränderungen besser erkennen und verstehen.

2016
Musterdorfer Silvaner QbA
Verkostung 27. November 2016:
leicht sulfidische Note, Zitrus, frische Art, etwas spitze Säure, stark hefegeprägt
Verkostung 22. Dezember 2016:
starke Böckser-Note, Säure gut eingebunden, Vorversuch wg. Böckser?
Böckserbehandlung 3. Januar 2003 mit 0,3 g/hl CuSO4
Verkostung 14. Januar 2017:
reife Grapefruit, Dropsnoten, Kohlensäure noch etwas wild, im Gaumen reifer Apfel, Säure o.k., leicht gerbiger Abgang
Verkostung 20. Februar 2017:
wieder leicht sulfidische Note, Zitrus, Grapefruit, reifer Apfel, gerbige Note verstärkt sich
Korrektur am 23. Februar 2003 mit 0,1 g/hl $CuSO_4$, 5 g/hl PVPP und Abfüllung

FEHLERERKENNUNG LEICHTGEMACHT

Verlassen Sie sich auf die Reaktionen Ihrer Sinne. Welcher Sinn zeigt Ihnen, dass etwas mit dem Wein nicht stimmen könnte? Wie äußert sich das? An was erinnert Sie diese Anomalie? Wie riecht oder schmeckt sie? Anhand dieser sensorischen Auffälligkeiten können Sie den Weinfehlern auf die Spur kommen.

Verkostungsbeispiel 1 und 2		
Verkostungsbeispiel 1	Sensorik	mögliche Ursache (Details s. Weinfehler A–Z)
Klarheit Farbe Konsistenz	ja gelb/grün normal	
nasaler Eindruck	scharfer Duft, faulig, an Knoblauch oder Zwiebeln erinnernd	
Geschmack	Aroma führt sich fort	Böckser
Verkostungsbeispiel 2	Sensorik	mögliche Ursache (Details s. Weinfehler A–Z)
Klarheit Farbe Konsistenz	ja dunkleres Gelb leicht öliges Fließverhalten beim Ausgießen	
nasaler Eindruck	an Joghurt und Molke erinnernd	
Geschmack	nach Sauerkrautlake, käsig	Milchsäure-Stich

Sensorik	**mögliche Ursache (Details s. Weinfehler A–Z)**
Klarheit	
grün-bläuliche Trübung	Kupfertrübung
schwarz-graue Trübung	Eisentrübung
weißlicher Belag, fächerförmig vom Kork aus oder schlierenartige, fadenförmige Schleier	Eiweißtrübung
gelb-weißliche, körnige Trübung bzw. Belag und Kohlensäure-Bildung	Nachgärung
bläulich-milchige feine Trübung	Zähwerden
milchig-durchsichtige Trübung setzt sich schwer ab, keinerlei sensorische Veränderung, kompakte Kristalle in Flasche/Glas	Kristalltrübung
Kohlensäure-Entwicklung nach Öffnen der Flasche, Bläschenring am Glasrand	kohlensäurescharf
heller Schleier auf Weinoberfläche	Kahm-Note
Farbe	
helles, schwaches Gelb	hellfarben
gelb bis grünlich dunkles Gelb	normales Erscheinungsbild
junger Weine oder niedriges Mostgewicht	Oxidation
hohes Mostgewicht, älterer Jahrgang	kann normales Erscheinungsbild sein
bräunlich, hochfarbig	Oxidation, Kahm-Note
gelb-bräunlich, braun-rot	Frost-Note
Textur	
öliges, zähes Ausgießverhalten	Zähwerden, Milchsäure-Stich

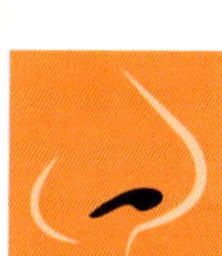

stechender, scharfer Duft	
Zwiebeln, Knoblauch, gekochter Kohl	Böckser
Alleskleber/Nagellackentferner	Lack-Note
schweflig	Schwefeldioxid-Stich
Essig	Essig-Stich, flücht. Säure
alkoholisch, schnapsig	brandig

	Sensorik	***mögliche Ursache (Details s. Weinfehler A–Z)***
	chemisch, künstlich	
	Kunstharz, Kunststoff, Weichmacher, neues Auto	Styrol-Note
	Gummi, verbrannter Gummi, heiß laufende Bremse, Fahrradschlauch, roter Gummischlauch	Böckser
	künstliche, übertriebene Frucht, erinnert an billiges Parfüm, künstliche Aromen	Aroma-Böckser
	Öl. Teer, Petroleum	Umwelt-Note,
	Ammoniak, Leder, speckig-scharf, Nelke	animalische Note
	faulig, muffig, dumpf	
	faule Eier, Schwefelwasserstoff, faulig, brackig	Böckser
	feuchter, alter Keller, ungelüftete, feuchte Wolle/Wäsche, Champignon, Pilz-Note, modrig, schimmelig, wie verschimmelter Apfel oder feuchter Waldboden verschimmelter Apfel, feuchter Waldboden	Schimmel-Note, Umwelt-Note, auch Kork-Note denkbar
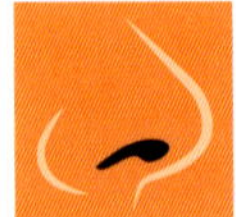	feuchter Waldboden, Bohnerwachs, Mottenkugel, nasser Lappen, nasse Wolle	utA
	blumig	
	Akazienblüte, Orangenblüte, Lavendel	utA
	Geranien	Geranien-Ton
	rauchig, brenzlig, laktisch	
	angebrannt, gekochter Apfel	Koch-Ton
	Karamell, Bratapfel	Koch-Ton, Frost-Note
	gekochtes Gemüse	Koch-Ton/Böckser
	Joghurt, Molke, Hartkäse, Sauerkraut, geronnene Milch, buttrig	Milchsäure-Stich

	Sensorik	mögliche Ursache (Details s. Weinfehler A–Z)
	scharfes, hartes, spitzes Geschmacksbild	
	hart, metallisch-bitter	Eisen-/Kupfertrübung
	den Gaumen zusammenziehend, bitter	gerbig
	zu intensiver Kohlensäure-Eindruck	kohlensäurescharf
	kratzend, süßlich scharfer Abgang	Essigsäure-Stich
	schal, flach, ausdruckslos	
	Papier, nasser Karton, nasser Staub, Filterschichten	Papier-Note, eventuell schlecht vorgespülte Gläser
	brotig, flach, an einen angeschnittenen, bräunlich verfärbten Apfel erinnernd, „gärig", an ungeschwefelte Jungweine erinnernd, sherryartig, matt	Oxidation, Kahm-Note
	hängendes, im Mundraum lang anhaftendes Geschmacksbild	
	zäh, „schmieriges" Mundgefühl, erhöhte Viskosität	Zähwerden
	stockige Wäsche; tritt meist erst einige Sekunden auf, nachdem der Wein den Mund verlassen hat	Mäuseln
	analytische Auffälligkeiten	
	rasch absinkender, sich nicht stabilisierender Gehalt an freier schwefliger Säure	Schwefelfresser
	→ nach Ascorbinsäuregabe	Abnahme von 10–15 mg/l freies Schwefeldioxid normal
	→ restsüßer Wein, Kohlensäure	Nachgärung
	→ Anbruchgebinde	Oxidation, Kahm-Note
	absinkender Gesamtsäuregehalt, Kohlensäure	Milchsäure-Stich
	absinkender Restzuckerwert	Nachgärung

Grundsätzlich muss bei analytischen Veränderungen auch die Möglichkeit der Fehlmessung durch gealterte Laborlösungen (Haltbarkeitsdatum beachten!) oder Ungenauigkeiten in Betracht gezogen werden. Wenden Sie sich im Zweifelsfall an ein Fachlabor.

VORVERSUCHE UND TIPPS

Grundsätzlich muss vor der Durchführung einer Weinbehandlung ein Vorversuch durchgeführt werden. Nur so lassen sich das Ergebnis und die Auswirkungen einer Maßnahme exakt feststellen. Bedenken Sie jedoch immer, dass ein Vorversuch nur dann Aussagekraft besitzt, wenn er unter den gleichen Bedingungen (Temperatur, Behandlungsmittel, Zeit) wie in der Praxis durchgeführt wird.

Um den Erfolg der Behandlung richtig zu bewerten, muss die unbehandelte Ausgangsvariante beim sensorischen Vergleich immer mit einfließen. Ziehen Sie deshalb vor der Durchführung einer Maßnahme eine Probe und bewahren Sie diese unter Kellerbedingungen auf.

Zur notwendigen Objektivität trägt es bei, wenn die Blindverkostung der Proben von Personen vorgenommen wird, die nicht wissen, welche Probe behandelt und welche unbehandelt ist. Daraufhin hält jede Person ihr Urteil für sich alleine fest. Dies vermeidet die gegenseitige Beeinflussung.

Böckser-Ermittlung

Nehmen Sie ein Glas des betreffenden Weines und gießen Sie es mehrmals aus größerer Höhe in ein zweites Glas um. Ziel ist ein möglichst starker Luftkontakt, um eine Belüftung im Keller zu simulieren.

Wie bei jedem Vorversuch müssen Sie zur Erfolgskontrolle anschließend einen sensorischen Vergleich zwischen einer unbehandelten und der behandelten Probe durchführen.

Stellt sich ein positiver Effekt ein und sie entscheiden sich den Wein zu lüften, beachten Sie, dass die Raumluft frisch, sauber und geruchsneutral ist.

Vorversuch
- schafft Sicherheit
- gleiche Bedingungen wie in der Praxis
- sensorischer Vergleich immer mit unbehandelter Variante
- vorurteilsfreie, neutrale Verkostung und Einschätzung

Kupferbehandlung

Bei einer hartnäckigen böcksrigen Note hilft meist nur noch eine Behandlung mit Kupfersulfat, Kupferzitrat oder Silberchlorid. Mit vorgefertigten Testlösungen lassen sich der Bedarf und die sensorischen Auswirkungen in kleinem Maßstab ermitteln. Im Zweifelsfall können Sie aber auch ein Fachlabor beauftragen.

Impulsbegasung

Grundsätzlich lässt sich die Impulsbegasung mit jedem inerten (keine chemischen Reaktionen eingehenden) Gas durchführen. Kohlensäure erzielt hier aber den besten Effekt. Es darf ausschließlich lebensmittelgeeignetes, geschmacksneutrales Gas verwendet werden. Leiten Sie im Zweifelsfall eine größere Menge durch frisches Wasser und überprüfen Sie dieses dann auf sensorische Veränderungen.

Eine engporige Frittekerze aus Edelstahl oder Keramik (Porengröße unter 0,01 mm/10 Mikrometer) sorgt für kleine Blasen. Die dadurch entstehende größere Oberfläche bei gleicher Gasmenge führt zu einer verbesserten Wirkung der Maßnahme.

Wirkungsweise:

Auf dem Weg der Gasblasen nach oben wandern flüchtige Aromen aus dem Wein in die Blase ein und werden bei ihrem Aufplatzen an der Oberfläche freigesetzt. Vor allem leicht flüchtige Stoffe wie Schwefelwasserstoff werden so aus dem Wein entfernt.

Durchführung:

Schaffen Sie zunächst einen Steigraum. Legen Sie dann die Frittekerze in ein großes Gefäß mit Wasser und stellen Sie den Druck über dem Reduzierstück ein, dass feine Gasblasen abgegeben werden. Beschweren Sie nun die Keramikfrittekerze mit einem sauberen Edelstahlwerkstück, damit sie nicht aufschwimmt und lassen Sie sie dann über dem Spundloch bis zum Tankboden ab.

Als gute Impulsfolge hat sich eine Kohlensäuregabe von 10 bis 20 Sekunden Dauer mit einer anschließenden Wartezeit von ca. 30 Minuten bewährt. Bei Großgebinden kann die Impulsdauer auf bis zu 4 Minuten ausgedehnt werden, bei einer nachfolgenden Wartezeit von einer bis drei Stunde zwischen den Intervallen. Für die Kontrolle der Impulsfolge

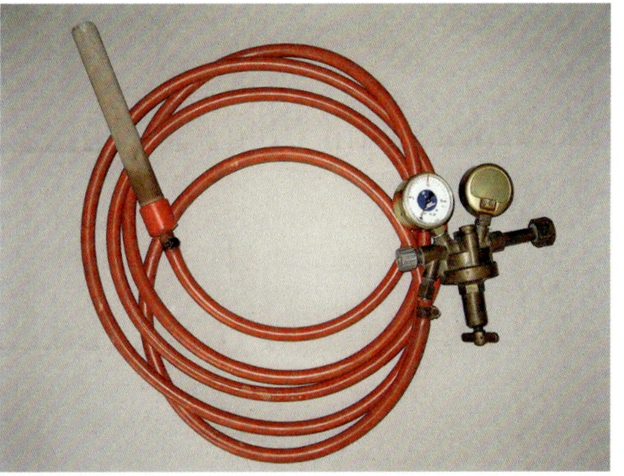

Frittekerze zum Einbringen von CO_2

kann auch ein spezielles Steuergerät mit einstellbarer Impulsdauer incl. Wartezeiten eingesetzt werden.

Nach der Maßnahme erfolgt der sensorische Vergleich der Rückstellprobe mit dem behandelten Wein.

Trockeneis

Trockeneis (gefrorenes Kohlendioxid) hat sich in der modernen Weinbereitung als gutes Mittel zur Beseitigung/Minderung von leichten bis mittleren dumpf-muffigen Noten erwiesen und zum effektiven Herunterkühlen von Maische (der positive Nebeneffekt hier ist das Verdrängen des Luftsauerstoffs durch das schwerere CO_2-Gas.

Durchführung bei dumpfen Noten:

Eine Aufwandmenge von 1kg/hl Trockeneis als Scheiben- oder Blockware wird zum geklärten Wein gegeben (Ideal im Immervolltank). Das Trockeneis sinkt auf den Tankboden, sublimiert und in kürzester Zeit werden große Mengen gasförmiges CO_2 frei. Diese Gaswäsche entzieht dem Wein störende Noten und reichert ihn gleichzeitig stark mit Kohlensäure an. Achtung: Steigraum lassen!

Durchführung zum Abkühlen der Maische:

Trockeneis als Pellets gleichmäßig der zu kühlenden Maische zugeben. Aufwandmenge: Um ein Kilogramm Maische um 1° abzukühlen werden ca. 7g Trockeneis benötigt.

Bitte beachten:

- Trockeneis sublimiert bereits bei -78,5 °C daher geeignete Schutzmaßnahmen beim Umgang ergreifen.
- Nur lebensmittelgeeignetes Trockeneis verwenden.
- Zur Abkühlung von Maische ist nur kleingranuliertes Trockeneis empfehlenswert (Pellets) für die sensorische Korrektur eigenen sich größere Scheiben- oder Blockware.
- Für gute Lüftung in geschlossenen Räumen sorgen. Trockeneis dehnt sich auf das 760fache seines Volumens bei der Sublimation aus (1 kg Trockeneis = 490 Liter Gas).

Kohleschönung

Die benötigte Aufwandmenge sollte grundsätzlich im Vorversuch ermittelt werden (Größenordnung 3–5 g/hl im Weinstadium; in Extremfällen auch über 10 g/hl). Verwenden sie immer die im Betrieb eingesetzte Aktivkohle.

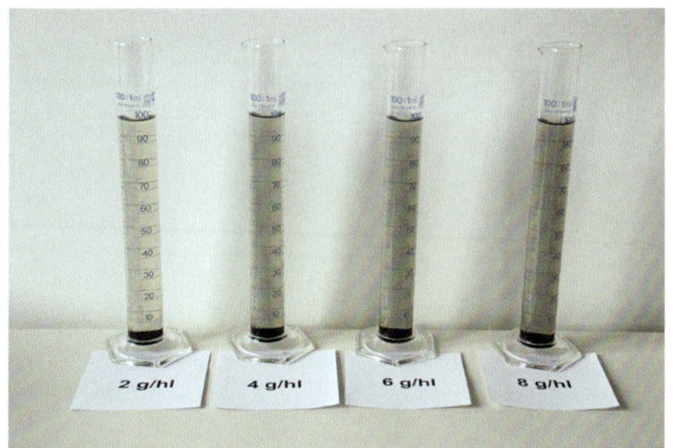

Vorversuche mit Standzylindern ermöglichen eine grobe Abschätzung

Erstens:
Geben Sie eine Messerspitze Aktivkohle G in einen gefüllten Standzylinder (100 ml). Nach der Sedimentation kann im Vergleich zum unbehandelten Wein der Erfolg einer Kohlegabe eingeschätzt werden. Eine genaue Ermittlung der benötigten Einsatzmenge ist nicht möglich.

Zweitens:
Ermittlung der Einsatzmenge im Glasballon. Rechnen Sie den geschätzten Aufwand auf die Ballongröße um und geben Sie die Kohle zu. Beispiel: Bei einem 25 l-Ballon sind 5 g/hl 1,25 g Kohle. Das Abmessen der entsprechenden Menge Kohle kann mit Hilfe einer Briefwaage, oder auch durch Schätzen erfolgen. Dabei werden (entsprechend dem obigen Beispiel) 12 g Kohle abgewogen und durch Abschätzen 10% der Gesamtmenge ermittelt. Hilfreich ist dabei folgende Information: Ein großes Kohlegranulatkorn wiegt ca. 0,1 g.

Mehrere Vorversuche mit steigendem Schönungseinsatz lassen nach der Sedimentation eine Aussage über den Bedarf an Aktivkohle zu. Die Notwendigkeit, für den Vorversuch das gleiche Behandlungsmittel wie in der praktischen Umsetzung zu verwenden, schließt die Verwendung vorgewogener Kohlegaben in Tablettenform aus.

Korkprobe

Der Korktest dient der Bewertung von Korkproben; zur stichprobenartigen Kontrolle des gelieferten Materials und nachträglichen Bestätigung.

Ein zweifelhafter Korkgeschmack im Wein lässt sich mit der Methode, Wein mit neutralem Wasser zu vermischen, dann abzuriechen oder zu verkosten, noch besser verifizieren.

Einen oder mehrere Korken in Stücke schneiden, in einem Gefäß (Erlenmeyerkolben) mit möglichst geruchsfreiem (destilliertem) Wasser bedecken und fünf Minuten kochen lassen.

Nach Entnahme der Korkstücke und Abkühlung des Kochwassers erfolgt dann die sensorische Kontrolle der Wasserprobe.

Korktest zur Qualitätskontrolle

Eine Probe mit mehreren Korken im Gefäß lässt eine Kork-Note deutlicher hervortreten.

Mehrere Einzelproben einer Lieferung lassen unter Umständen Rückschlüsse auf die prozentuale Quote des Korkgeschmacks zu.

Überschichtung

Die Überschichtung eines Anbruchgebindes darf nur als vorübergehende Maßnahme angesehen werden. Ein gänzlicher Sauerstoffausschluss, wie er bei spundvoller Lagerung gegeben ist, kann nur temporär erreicht werden. Die unter realistischen Gegebenheiten möglichen Sauerstoff-Gehalte von 1–3% im Kopfraum führen zu einer schleichenden Oxidation des Weines. Zudem entweichen Aromen aus dem Wein in den gasgefüllten Kopfraum und führen zu einer Verarmung der Weinaromen.

Zur Verdrängung bzw. Ausspülung des Luftsauerstoffs auf unter 1,0% Restgehalt im Kopfraum wird unter Praxisbedingungen sowohl bei Kohlensäure als auch bei Stickstoff das 3,5- bis 4-fache Gasvolumen des Kopfraums veranschlagt. Die benötigte Gasmenge kann über die Umrechnung der Gasmenge in Liter zur Gasmenge in kg erfolgen.

Beispiel:

Freier Kopfraum im Gebinde : 400 Liter

400 Liter × Faktor 3,5 = 1400 Liter Gas für die Verdrängungsspülung

1 kg Flüssiggas (Kohlensäure) entspricht ca. 500 Liter

1400 Liter Bedarf : 500 Liter/kg = 2,8 kg Flüssiggasbedarf

In der Praxis haben sich Mischgase aus Kohlensäure und Stickstoff bewährt.

WEINFEHLER VON A BIS Z

In diesem Abschnitt finden Sie bekannte Weinfehler nach ihren gängigen Benennungen von A-Z aufgelistet.

Acroleinstich, Bitter-Ton (Krankheit)

Sensorik

Zuerst ist meist ein Farbverlust festzustellen, dann tritt eine zunehmend unangenehme Bitterkeit in den Vordergrund. Das ungesättigte Aldehyd Acrolein weist einen unangenehmen, an Meerrettich erinnernden Geruch und Geschmack auf (Dittrich), der durch die Reaktion mit weineigenen Phenolen zu dem ausgeprägten Bitter-Ton führt.

- zuerst Farbverlust
- dann zunehmend unangenehme Bitter-Note

Ursache

Bei diesem, in der modernen Kellerwirtschaft, seltenen Fehler wird Glycerin durch Milchsäure abbauende Bakterien in den Stoff 3-Hydroxypropionaldehyd umgebaut. Dieser zerfällt dann unter den sauren Bedingungen im Wein zum sensorisch auffälligen Acrolein. Bereits 1951 wurde von Rentschler und Tanner die Reaktion phenolischer Inhaltstoffe – besonders Anthocyane – mit dem Acrolein als Ursache für die Entwicklung der Bitter-Töne entdeckt (Würdig). Deshalb tritt der Acrolein-Ton auch meist im Rotwein auf, da hier die zur Reaktion notwendigen Phenole in ausreichendem Maß vorhanden sind und durch die rotweinspezifischen Ausbaubedingungen (geringer Gehalt an freier schwefliger Säure, hoher pH-Wert) eine unerwünschte mikrobiologische Tätigkeit wahrscheinlicher ist.

Korrektur

Neben der entkeimenden Filtration wird in der Literatur nur der Aktivkohlegabe eine gewisse sensorische Verbesserung zugesprochen (Eder). Die notwendige Aufwandsmenge richtet sich nach den Ergebnissen eines obligatorischen Vorversuches (weingesetzliche Bestimmungen zum Kohleeinsatz beachten).Eine mögliche positive Wirkung weiterer adsorbierender Behandlungsstoffe wie Bentonit, PVPP oder Kombinationspräparate muss ebenfalls im Vorversuch geprüft werden.

Vorbeugung

Es handelt sich um die Folgen einer unerwünschten Bakterientätigkeit. Daher tragen zu deren Vermeidung eine gute Vorklärung, die saubere, gesteuerte Gärung, ein biologischer Säureabbau mit Starterkulturen und die Einhaltung der allgemeinen Kellerhygiene bei. Als Präventivmaßnahmen gelten auch ein stabiler Gehalt an freier schwefliger Säure und die regelmäßige sensorische Überprüfung des Weines zur Vermeidung mikrobiologischer Aktivität (→ Milchsäure-Stich, S. 107).

Animalische Note, Brett-Note, Raubtier-Note, Leder-Ton, Pferdeschweiß (Krankheit)

Sensorik

Eine Vielzahl sensorischer Beschreibungen wird für diesen Weinfehler genannt: süßlich-scharfe Noten, an Ammoniak oder Leder erinnernd, mit einem speckig-scharfen, auch teerartigem Geschmacksbild. Die geteilte Meinung, ob es sich hier um angenehme oder fehlerhafte Ausprägungen handelt, wird auch durch die Intensität der Aromatik mitbestimmt. Wird bei schwacher Ausprägung meist noch ein positiver Einfluss attestiert (lederartige, rauchige Noten, Gewürznelke), wird die Aromatik bei steigender Konzentration zunehmend mit negativen Attributen (stechend, tranig, animalisch, ammoniakartig) umschrieben.

Weiter kann es auch zu einer Eintrübung, zur Hautbildung (Verwechslungsgefahr mit → Kahmhefenund zur Bildung von Essigsäure kommen (DITTRICH).

- Süßlich-scharf, rauchig, stechend, tranig
- Leder, Nelke
- Ammoniak, Zirkusmanege

Ursache

Grund für die sensorische Fehlentwicklung ist die vermehrte Bildung von Ethylphenolen durch Hefen der Gattung Brettanomyces oder durch Bakterien. Die Reaktionskette beginnt mit Hydroxyzimtsäuren (aus

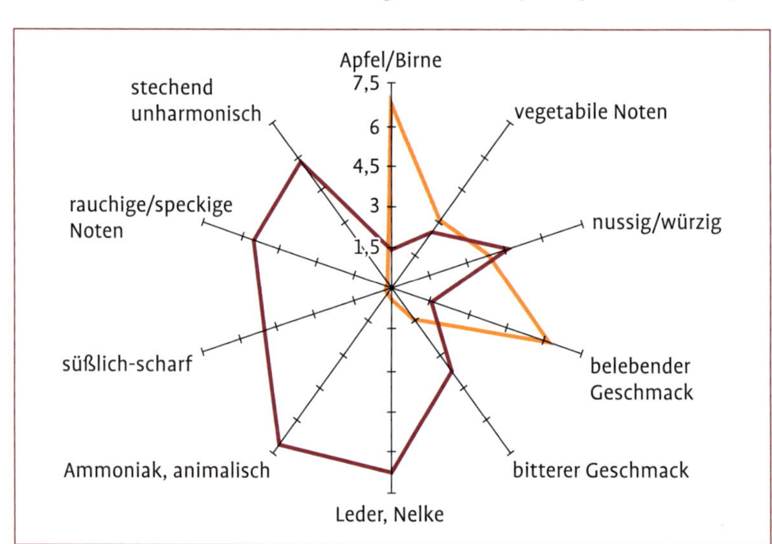

QDA-Analyse zweier Silvaner-Weine Wein A (orange): fehlerfrei, Wein B (weinrot): negativ verändert

traubeneigenen Hydroxyzimtsäure-Derivaten oder aus dem getoasteten Holz stammend) und führt zur Bildung von Vinylphenolen. Erst diese werden dann von Hefen (Brettanomyces und andere) zu Ethylphenolen wie 4-Ethylphenol oder 4-Ethylguajacol umgewandelt.

Hefen der Gattung Brettanomyces (*br. bruxellensis, br. lambicus*) sind in der Lage, neben Glucose, Fructose und Saccharose auch weitere Zucker bis hin zur Cellobiose (Abbauprodukt der Zellulose aus Holz) zu verarbeiten, und weisen eine hohe Alkoholtoleranz (bis 15%vol) auf (Eder/Dittrich).

Korrektur

Da es sich um eine unerwünschte mikrobiologische Aktivität handelt, müssen die ersten Maßnahmen aus dem Abziehen des Weines, dem Einstellen eines stabilen Wertes an freier schwefliger Säure und einer sterilen Filtration bestehen. Die Rückführung in das Ausgangsgebinde muss unterbleiben, um eine Reinfektion oder sensorische Verschlechterung des Weines zu verhindern.

Bei leichten Fällen kann es während der Lagerung zu einer sensorischen Verbesserung kommen; bei dominanten Fehl-Tönen wird in der Literatur der Einsatz stickstoffhaltiger Schönungsmittel empfohlen (Eiklar, Kasein-Präparate, Gelatine) (Eder).

Denkbar ist ebenfalls ein Verschnitt. Hier muss aber durch die zuverlässige Sterilfiltration des belasteten Weines eine Infektion des Partners ausgeschlossen werden. Bei einem Verschnitt ist eine regelmäßige sensorische Kontrolle äußerst wichtig.

Vorbeugung

Um Infektionen zu vermeiden und um die Ausbreitung von Hefepopulationen zu verhindern, ist die allgemeine Kellerhygiene wichtig. Sauberkeit und regelmäßige Desinfektion aller Bereiche sind hier obligatorisch. Südafrikanische Untersuchungen zeigen, vor allem bei längeren Standzeiten (Achtung bei maceration carbonique!), einen starken Anstieg der Brettanomyces-Population bereits bei der Traubenannahme und Maischeverarbeitung (Dittrich).

Der Einsatz von Chitinderivaten (Chitosan, Chitin-Glucane; gesetzlicher Höchstwert 10g/hl)) kann auch zu einer Verringerung der Keimzahlen beitragen.

Maßnahmen:

- Reinigung und Desinfektion der Anlagen und eine Maischeschwefelung mit 30–50 mg/l Schwefeldioxid, oder 6–10 g/hl Kaliumdisulit
- Aussortieren sonnenverbrannter Trauben (sind eine Quelle für die Bildung von Hydroxyzimtsäuren) oder die Mostoxidation
- Anschaffung infizierter Fässer vermeiden (Vorsicht beim Kauf gebrauchter Barriques!)
- gewissenhafte sensorische Kontrolle des eingelagerten Weines schützt vor unliebsamen Überraschungen

- Ein Gehalt von 40–45 mg/l freier schwefliger Säure hemmt die Entwicklung der Brettanomyces-Population
- Luftkontakt (vor allem bei Barriques) durch ständiges Beifüllen vermeiden. Der Sauerstoffeinfluss kann auch bei geringer Brettanomycestätigkeit, die tolerierbare teils sogar erwünschten Aromen bringt (Nelke, zart rauchig, dezentes Leder), zur Essigsäurebildung führen.
- Die Wiederbefüllung infizierter Gebinde stellt auch nach deren gewissenhafter Reinigung ein Risiko dar. Eine ständige sensorische Kontrolle ist in solchen Fällen äußerst wichtig
- Die sterile Filtration und Abfüllung unterbindet Hefeaktivität in der Flasche. Ein Wert von 40–45 mg/l freier schwefliger Säure hemmt ebenfalls die Hefeaktivität und schützt vor einer Oxidation.

Aroma-Böckser, überbukettiert, reicher Duft (Fehler)

Sensorik

Es handelt sich hierbei um einen Sammelbegriff für eine Vielzahl von degustatorischen Eindrücken. Die Nennungen gehen von laut, aufdringlich über künstlich und aromatisiert bis hin zu überbukettiert. Die auftretenden Aromen erinnern an billige Parfüms, künstliche Aromen oder an andere, die Natur nachahmende Geruchs- und Geschmackseindrücke. Vor allem bei aromatischen Sorten stellt sich der Übergang von der intensiven, erwünscht blumig-fruchtigen Sensorik zur fehlerhaften Ausprägung, als sehr fließend dar. Die Beurteilung, ob ein Wein noch aromatisch oder schon auffällig ist, kann nur mit besonderer Vorsicht, gewissenhafter sensorischer Kontrolle und der nötigen Objektivität bzw. kritischen Würdigung der eigenen Weine beantwortet werden.

- übertrieben fruchtig, blumig
- aufdringlich, künstlich, aromatisiert, überbukettiert
- erinnert an billiges Parfüm oder Seife
- Standard: Ein kleines Stück einer einfachen aromatisierten Seife auflösen

Ursache

Verantwortlich sind sulfidische (schwefelhaltige), durch Hefen gebildete Verbindungen, die während der Gärung entstehen. Werden diese bei geringem Auftreten teils noch als fruchtig und angenehm charakterisiert, wird deren sensorisches Erscheinungsbild bei höherer Intensität meist abgelehnt (→ Böckser, S. 82).

Korrektur

Die negativen Auswirkungen können durch eine Belüftung, eine Impuls-Begasung oder eine Kupfersulfat-, Kupferzitrat-, Silberchloridgabe (gesetzliche Höchstzugabe: 1,0 g/hl) korrigiert werden (→ Vorversuche und Tipps, S. 70). Eine weitere Möglichkeit liegt in einem Verschnitt. Der

Einsatz von Aktivkohle (gesetzlicher Höchstzugabe 100 g/hl) zeigt keine Wirkung und hat einen demaskierenden Effekt. Die Aktivkohle entfernt hier positive Bestandteile der Weinaromatik, während der Böckser bleibt und nur noch deutlicher wahrnehmbar ist.

Vorbeugung
Beim Einsatz spezieller, die Aromatik unterstützender, Hefen empfiehlt sich nur ein Viertel bis die Hälfte der Gesamtmostmenge mit diesen Hefen zu vergären. Für die andere Mostmenge sollte dann eine Hefe mit neutralerem Charakter verwendet werden. Weitere präventive Maßnahmen: → Böckser, S. 82.

Bitter, gerbig, rappig, phenolisch, grasig, unreif (Mangel)

Sensorik
Dieser Mangel wird erst auf der Zunge registriert. Die Weine weisen ein bitteres, am Zungenhintergrund verweilendes Geschmacksbild auf. Da der bittere Geschmack bei jedem Kontakt mit den Geschmackspapillen stärker wahrgenommen wird, fällt eine Bitter-Note beim ersten Schluck nicht immer sofort auf. Erst bei mehrmaliger Verkostung wird dann der Fehler wahrgenommen. Erhöhte Gehalte an Gesamtsäure oder Kohlensäure können die geschmackliche Beeinträchtigung noch verstärken. Manchmal lassen sich geschmackliche Parallelen zu frischen, noch grünen Traubenstielen oder zu Traubenkernen feststellen.

- bitter auf dem Zungenhintergrund, mit jedem Zungenkontakt stärker werdend, lang anhaltend
- erinnert an den Geschmack grüner Pflanzenstiele (Trauben- und Apfelstiel, Trauben- und Obstkerne)
- Herstellung des Standard: 1 l Wein mit 0,2 bis 0,4 g Koffein versetzen (je nach Empfindlichkeit und Ausgangswein)

Ursache
Schuld an diesem Fehl-Ton ist ein Übermaß an bitter schmeckenden phenolischen Verbindungen. Phenole kommen vor allem in den Beerenhäuten und Kernen vor. Bei einer zu hohen mechanischen Belastung der Trauben/Maische und der damit verbundenen Zerstörung der Zellstruktur kommt es zur Freisetzung der Phenole. Eine anschließende Standzeit führt bei einer solchen Maische durch die Auslaugung der Gerbstoffe zusätzlich zu einem Anstieg der Bitter-Noten.

Doch auch bei schonender Maischebehandlung kann es zu solchen Auffälligkeiten kommen. Dieser Effekt tritt ein, wenn man als Folge hoher Erträge, strapaziöser Behandlung und niedriger Extraktgehalte einen ausdrucksschwachen Wein erhält. Hier machen sich bereits normale Phenolgehalte unter Umständen negativ bemerkbar. Ein vergleichbarer

Fehlerhaft eingestellte Maischepumpen können zur Freisetzung von Gerbstoffen führen.

Rappen und Kerne: mögliche Quellen für gerbige Noten.

Effekt tritt auch bei zu früher Lese physiologisch unausgereifter Trauben auf.

Korrektur

Die zur Behebung verwendeten Schönungsmittel wie Gelatine, Eiklar, Kasein (Achtung Deklarationspflicht für Kasein und Eiereiweiß beachten!), PVPP oder auch Kombinationspräparate bewirken eine Verringerung der flavonoiden Phenole, die für Bitter-Noten verantwortlich sind. Parallel können aber auch nicht-flavonoide Phenolbestandteile entfernt werden, denen ein wertgebender Einfluss auf die Weinqualität zuerkannt wird.

Der Schönungsbedarf richtet sich nach der Intensität der Bitter-Noten und kann nur in einem Vorversuch ermittelt werden. Die flavonoiden Phenole liegen im Wein meist in verschiedenen Polymerisationsgraden vor und reagieren damit auch nicht mit allen Schönungsmitteln gleich effektiv. Da sich das Eiweiß der Gelatine überwiegend mit großen, stark polymerisierten Gerbstoffen verbindet, ist es möglich, dass die Wirkung der Gelatineschönung nicht ausreicht. Hier ist der Einsatz von Kasein, PVPP oder auch Mischpräparaten angebracht.

Sehr schlanke Weine weisen oft leichte Bitter-Noten auf. Hier ist eine Schönung möglich, muss aber sehr behutsam angegangen werden, da die Behandlung an der filigranen Substanz solcher Weine zehrt und den leichten, schlanken Gesamteindruck oftmals verstärkt.

Vorbeugung

Jede mechanische Belastung des Traubenmaterials führt zur Freisetzung von phenolischen Verbindungen aus den Zellwänden, Beerenhäuten und Kernen. Der parallel ablaufende Anstieg der unerwünschten Feintrubgehalte, mit allen daraus folgenden Problemen bei Klärung und Reintönigkeit, ist hier ein weiterer wichtiger Aspekt.

Maßnahmen:

- Wichtigste Prophylaxe-Maßnahme: Ernte physiologisch ausgereifter Trauben
- schonender Umgang mit Trauben und Maische; unnötiges Umpumpen/Bewegen vermeiden, vor allem bei fäulnisgeschädigtem Lesegut
- Beschädigung der Kerne durch eine zu eng eingestellte Traubenmühle vermeiden; Abstand der beiden Walzen 4 bis 5 mm
- quetschende oder mahlende Bewegung vermeiden
- keine überlangen Maischstandzeiten
- obligates Abbeeren bei der Rotweinbereitung; Entfernung der grünen, bitteren Traubenstiele
- Ganztraubenpressung
- schwache Pressdrücke, unnötiges Aufscheitern (Aufbrechen des Presskuchens) oder druckloses Rotieren der Presse vermeiden
- Oxidation der gesunden Maische bzw. des Mostes zulassen (Flotation, Mostoxidation); dies führt zur Polymerisation der Phenole und im Idealfall zu deren Ausfällung (nicht bei unreifem Lesegut) evtl. Mostbehandlung mit 10–20 g/hl Gelatine

Bittermandel-Ton (Fehler)

Sensorik

Die auffälligen sensorischen Eigenschaften dieses Weinfehlers werden mit an Bittermandeln oder Marzipan erinnernd umschrieben. Im Geschmack kann noch eine bitter, schale Note auftreten.

- Bittermandel, Marzipan
- Teils bittere, schale Noten möglich
- Herstellung des Standard: 5 bis 6 gequetschte Apfelkerne für 6 h in 100 ml Grundwein legen

Ursache

Bei einer fehlerhaften Ausschönung überschüssiger Schwermetallgehalte im Wein (→ Kupfertrübung, S. 101; → Eisentrübung, S. 86) kann es zur Bildung von Cyanidverbindungen kommen, die für die negative Veränderung verantwortlich sind.

Korrektur

Effektive Korrekturmaßnahmen sind nicht bekannt.

Vorbeugung
Nur eine exakt durchgeführte Blauschönung in Zusammenarbeit mit einem Fachlabor schützt vor dieser Fehlentwicklung.

Maßnahmen:

- genaue Bedarfsbestimmung, Abmessung des Weinvolumens und der Schönungsmenge Einhaltung einer Sicherheitsspanne gegen Überschönung
- zuverlässige Durchmischung nach Schönungszugabe
- Berücksichtigung von Komplexbildnern wie Zitronensäure, welche die Reaktion behindern können

Böckser, faulig, sulfidische Note (Fehler)

Sensorik
Unangenehmer Geruch, faulig, brackig, an faule Eier erinnernd; aber auch Beschreibungen wie käsig, schweißig, nach Lauch/Zwiebeln oder gekochtem Kohl riechend werden für diesen Weinfehler genannt. Die Umschreibung faulig hat hier nichts mit faulem, krankem Lesegut zu tun.

- Faulig, brackig
- Käsig, schweißig
- Faule Eier, Schwefel, Knoblauch, Zwiebeln, Lauch, verbrannter Gummi, gekochter Kohl
- Mehrmaliges Umschütten des Weines von einem Glas in ein zweites verringert den Eindruck
- Die Zugabe von einem Tropfen der kupferhaltigen Z1-Lösung (Schließmann-Analytik) verringert oder beseitigt den Böckser. Einen vergleichbaren Effekt erzielt man mit der Zugabe eines sauberen Cent-Stücks für einige Minuten.
- Herstellung des Standard:
  - Streichholz anzünden, löschen, auskühlen lassen und in Grundwein legen
  - 10 × 5 mm großes Knoblauchstück für eine Minute in Grundwein einlegen
  - Kochwasser von Weißkohl
  - Eine Messerspitze Eisenfeilspäne oder Eisennägel für mehrere Stunden einlegen

Ursache
Bei den Böcksern handelt es sich um eine ganze Familie von geruchsaktiven Verbindungen, die alle vom Schwefelwasserstoff ausgehen. Ungünstige Situationen für die Hefen, wie Stickstoffmangel, zu wenig Sauerstoff und Spontangärung durch ungeeignete Hefestämme führen zur Synthese und Freisetzung schwefelhaltiger Aromastoffe.

Schwefelwasserstoff verursacht den klassischen Böckser mit dem Geruch nach faulen Eiern. Erst durch Kombinationen mit anderen Weininhaltsstoffen entstehen dann bis zu 40 weitere, sensorisch negative Verbindungen, die sich in zunehmendem Maße einer Korrektur entziehen (→ Mercaptan-Böckser, S. 107).

In der Literatur wird auch vereinzelt von Licht-Böcksern und Aluminium-Böcksern berichtet. UV-Strahlung kann die Umwandlung von geruchsinaktiven Aminosäuren (Cystein, Methionin) zu böckserartigen Aromastoffen verursachen. Zu dieser Reaktion wird das von der Hefe gebildete Riboflavin benötigt, weshalb vor allem Weine mit langem Hefekontakt gefährdet sind.

Wird Wein mit Metall in Kontakt gebracht, kommt es zu einer Reaktion, bei der Wasserstoff frei wird. Dieses reagiert mit Schwefeldioxid zu Schwefelwasserstoff. Dies kann ebenfalls zu einem Böckser führen. Eine Gefahrenquelle stellen hierbei vor allem Schraubverschlüsse aus Aluminium dar, deren Abdichtung nicht gewährleistet ist (Bernath).

Am Böckser beteiligte Substanzen, Geruchsschwellenwerte, Geruchsprofile (Schneider)

S-Substanz	Geruchsschwellenwert (µg/l)	Geruchseindruck
Schwefelwasserstoff	10–80	faule Eier
Ethylsulfid (Ethylmercaptan)	1	Knoblauch, Gummi, Zwiebeln
Methylsulfid (Methylmercaptan)	2–10	faule Eier, Kohl
Dimethylsulfid	25–60	Spargel, Korn, Melasse
Dimethyldisulfid	29–40	gekochter Kohl
Diethylsulfid	1–15	Knoblauch
Diethyldisulfid	4–30	verbrannter Gummi, Knoblauch
Thioessigsäuremethylester	10–40	Käse
Theioessigsäureethylester	10–30	verbrannt, schweflig
Methionol	2000	gekochte Kartoffeln
Dimethyl-1,2,3,5,6-pentatiepan	n.n.	Fleisch
Dimethyl-1,2,4-trithiolan	n.n.	Fleisch, Knoblauch

Korrektur

Eine frühe Erkennung des Fehlers ist wichtig. Korrekturmaßnahmen gestalten sich im späteren Verlauf der Fehlentwicklung immer schwieriger.

Wird nach Gärende ein Böckser festgestellt kann dieser durch den Luftkontakt beim ersten Abstich schon beseitigt werden. Für intensivere Böckser empfiehlt sich bereits eine Kupfersulfatgabe noch ins Gärgebinde vor dem ersten Abstich. Für den Wein ist es der schonendste und beste Zeitpunkt für eine Böckserbehandlung. Werden die böcksrigen

Verbindungen nicht entfernt kann es zu immer komplexeren Folgeverbindungen kommen, die in zunehmendem Maße nur noch auf hohe Kupfersulfatgaben reagieren. Wird spätestens in diesem Stadium nicht eingegriffen, kann es zur Bildung des sogenannten verhockten Böcksers kommen. Dieser ist mit Kupfersulfat nicht mehr oder nur unzureichend zu korrigieren. Hier kann eine Schönung mit Silberchlorid helfen. Aus diesem Grund ist ein frühzeitiger Eingriff bei der Böckserproblematik so wichtig. Der oftmals in der Literatur erwähnte positive Effekt der Erstschwefelung auf die Böckser-Beseitigung kann von uns nicht bestätigt werden.

Folgende Maßnahmen sind möglich:

- Das klassische Behandlungsmittel des Lüftens bietet sich im Zusammenhang mit dem ersten Abstich an. Achtung: Kohlensäure- und Aromaverluste sind möglich.
- Eine Kupfersulfatbehandlung ($CuSO_4$) noch beim hefetrüben Jungwein hat den Vorteil, dass überschüssige Kupferionen, die nicht an der Reaktion zur Böckserbeseitigung beteiligt sind, durch die Hefe entfernt werden. Freie Kupferionen sind die Ursache für eine spätere Kupfertrübung .
  Im hefefreien Weinstadium kann eine $CuSO_4$-Gaben von 0,3–0,4 g/hl zu einer Trübung führen. Mitentscheidend ist hier die Reduktivität des Weines. Eine Verringerung des Behandlungsaufwands ist durch eine vorgeschaltete Maßnahme wie moderates Lüften oder eine Kohlensäure-Impulsbegasung möglich.

Treten bei Rotweinen nach Ende des biologischen Säureabbaus böckserartige Aromen auf, empfiehlt sich ein weniger reduktiver Ausbau. Der gezielte Sauerstoffkontakt (Lüften, Holzfassausbau) trägt hier zum Abbau der Fehl-Töne bei und führt gleichzeitig zur Stabilisierung der Farbe und zur positiven Entwicklung. Die Erstschwefelung sollte verzögert (frühestens 2–3 Wochen nach BSA-Ende) und moderat (mit max. 50 mg/l Schwefeldioxid) erfolgen.

Vorbeugung

Der Ausgang aller Böckser-Verbindungen, der Schwefelwasserstoff, wird von den Hefen gebildet. Die Ursachen hierfür liegen in einem relativ hohen Gehalt an sulfidischen Verbindungen zu Gärbeginn oder in Reaktionen der Hefen auf zu geringe Gehalte leicht verwertbarer Stickstoffverbindungen.

Maßnahmen:

- mäßiger Einsatz von Netzschwefel im Weinbau
- ausreichende Stickstoff-Versorgung der Rebanlage
- Maische/Mostschwefelung nur wenn notwendig (faules Lesegut, lange Standzeit vor der Verarbeitung, hohe Verarbeitungstemperatur); auf gute Verteilung achten

- gute Vorklärung entfernt an den Trubstoffen haftende schwefelhaltige Verbindungen, verringert die Gehalte an natürlichen Mikroorganismen und verbessert ganz allgemein die Voraussetzungen für die Reinzuchthefen
- Mostbelüftung verringert die Gehalte an sulfidischen Verbindungen und unterstützt die Hefevermehrung
- Zugabe von Hefen-Nährsalzen oder noch besser Mischpräparaten (gesetzliche Höchstwerte beachten!) verbessert die Stickstoff-Situation für die Hefen, kann aber weinbauliche Defizite nicht ausgleichen; ideal ist eine Verteilung der Zugabe auf den Zeitpunkt der beginnenden Gärung, den Beginn und das Ende der Hauptgärphase.
- Tritt während der Gärung ein Böckser auf kann eine Gabe von 20g/hl Diammoniumphosphat die weitere Bildung durch die Hefen verhindern.

Nach Gärende kann es zur Freisetzung von Schwefelwasserstoff-Verbindungen aus dem Hefegeläger kommen. Ein Abstich, kombiniert mit Lüften, oder eine Kupfersulfatgabe auf die Hefe schafft hier Abhilfe.

Besonders empfehlenswerte Einsatzbereiche für Hefe-Nährpräparate:
- frühe Lese (weniger eingelagerte Stickstoff-Verbindungen als bei späterer Lese)
- Rebsorten mit schwächerer Stickstoff-Einlagerung (Kerner, Bacchus, Riesling, Müller-Thurgau, Rieslaner oder Scheurebe)
- vorgeschädigtes, pilzbefallenes Lesegut
- scharfe Vorklärung und/oder niedrige Gärtemperatur
- Reinzuchthefen mit höherem Nährstoffbedarf

Brandig, schnapsig, alkoholisch (Mangel)

Sensorik

Für die Nase ist der Wein oft unauffällig. Erst im Gaumen kommt eine unharmonische, schnapsige oder auch weinbrandartige Alkoholkomponente ins Spiel. Parallel ist oftmals noch ein bitterer bis bitter-scharfer Geschmackseindruck zu bemerken.

- im Gaumen scharf, schnapsig
- durch das Ausatmen mit geleertem Mund deutlichere Wahrnehmung
- bitter, bitter-scharfer Nachgeschmack
- Herstellung des Standard: Eine Zugabe von 8 g/l entspricht einer Erhöhung um 1,0%vol; je nach Grundwein 8 bis 16 g/l reinen Trinkalkohol zugeben

Ursache
Störend hohe Alkoholgehalte entstehen durch eine zu starke Anreicherung oder die gänzliche Vergärung hochgradiger Moste.

Korrektur
Gegen unharmonisch hohe Alkoholgehalte hilft ein Verschnitt mit einem geeigneten Partner oder die Alkoholreduzierung bis zu 2%vol. Sensorisch können höhere Säuregehalte, eine Stärkung der Weinstruktur durch Tannine, eine harmonisierende Süßegabe oder auch ein intensiver Hefekontakt nach Gärende zur Einbindung des Alkoholeindrucks beitragen.

Vorbeugung
Hier greift auch das Lesemanagement. Je nach Weinziel ist die Ernte reifer Trauben notwendig darf aber nicht in die Ernte der maximal möglichen Reife/Mostgewichte ausarten. Weiter gelten nur moderate Anreicherungsziele und bei hochgradigen Mosten die Erhaltung einer natürlichen Restsüße als Prävention.

Eisentrübung, Grauer/Schwarzer/Weißer Bruch (Fehler)

Sensorik
Der Wein weist eine grau-weiße Trübung auf, die sich schlecht absetzt und bei steigender Reduktion abnimmt. Vermindert sich nach Zugabe von Ascorbinsäure die Trübung, spricht dies für Eisen als Ursache; verstärkt sich die Trübung kann eine Kupfertrübung (→ S. 101) vorliegen.

Auffällig ist ein harter, metallisch-bitterer Geschmack, der mit Oxidations-Noten und einer Hochfarbigkeit einhergehen. Der Einsatz von Edelstahlgebinden und -gerätschaften in der modernen Weinbereitung hat diesen Fehler in den Hintergrund gedrängt.

- schwarz-graue bis grau-weißliche Trübung
- Hochfarbigkeit
- harter, metallisch-bitterer Geschmack
- Oxidations-Noten
- Vorversuch: eine Messerspitze Ascorbinsäure auf 100 ml Wein

Ursache
Die Ausbildung einer Eisentrübung entsteht durch dreiwertiges Eisenphosphat, das erst durch Oxidationsprozesse aus zweiwertigem gebildet wird. Zur Trübungsbildung müssen also höhere Gehalte an Eisenverbindungen und ein oxidatives Milieu vorhanden sein. Allein die Schaffung reduktiver Bedingungen ist jedoch keine Lösung. Sie kann die Trübung nur hinauszögern. Auf die geschmackliche Beeinträchtigung hat die

Maßnahme keinen Einfluss. Die Trübungsneigung wird auch durch säurearme Weine (hoher pH-Wert) begünstigt.

Korrektur
Als Korrektur-Maßnahme ist die Filtration des Weines notwendig. Vorher sollten Sie aber die Existenz von eventuell noch vorhandenem trübungsbereitem Eisen durch ein Labor prüfen lassen und den Schönungsbedarf ermitteln. Achtung: Die Schönung darf nur durch eine ausgebildete Fachkraft erfolgen. Bei falscher Ausführung besteht die Gefahr der lokalen Überschönung mit Bildung eines Bittermandel-Tons (→ S. 81). Der Schönungstrub muss als Sondermüll entsorgt werden.

Vorbeugung
Die wirksamste präventive Maßnahme ist die Vermeidung eines Eiseneintrags. In der modernen Kellerwirtschaft stellt dies kaum ein Problem dar, ist doch in Zeiten von Edelstahl und Kunststoffen der direkte Eisenkontakt fast gänzlich ausgeschlossen. Ältere Gerätschaften sollten Sie allerdings einer Kontrolle auf mögliche Kontaktflächen zwischen Eisen und Wein unterziehen, um das Auftreten einer Eisentrübung zu vermeiden.

Der Oxidationsschutz ist Bestandteil der modernen Kellerwirtschaft. Die Zugabe von Zitronensäure oder auch Kolloiden wie Gummi Arabicum kann als Prävention angesehen werden. Aber Achtung: Der gesetzliche Höchstwert für Zitronensäure im Wein liegt bei 1,0 g/l; die natürlichen Gehalte können aber bereits bis zu 0,5 g/l und mehr betragen. Eine Zugabe von Zitronensäure empfiehlt sich also nur nach einer vorherigen Analyse.

Eiweißtrübung (Fehler)

Sensorik
Die Trübung ist von heller, weißlicher Farbe und setzt sich gut ab. Gelegentlich ist eine charakteristische Ablagerung in der liegenden Flasche festzustellen. Hier zweigen von einem dickeren Hauptstrang seitlich rippenartige, dünnere Ablagerungen ab. Eine zweite typische Form ist die Bildung einer zopfartigen Trubfahne, die vom Kork ausgeht. Aufgeschüttelt, zeigt sich eine flockige, auch fadenförmige Struktur.

Da die Eiweißausscheidung durch die Temperatur beeinflusst wird, kann es dazu kommen, dass nur die obersten, durch die aufsteigende Luft etwas erwärmten Flaschenlagen diese Trübung aufweisen oder dass sich die Trübung durch das Erwärmen oder Abkühlen einzelner Flaschen verstärkt.

In Duft oder Geschmack ist keine Veränderung festzustellen.

- Helle, weißliche Trübung
- Charakteristische Ablagerungen in der liegenden Flasche
- Keine geruchlichen oder geschmacklichen Abweichungen

Ursache
Im Wein enthaltene Eiweißverbindungen (Proteine) polymerisieren zu kettenförmigen Verbindungen und fallen aus. Meist sind an diesen Reaktionen noch Gerbstoffe, Kupfer oder Eisen beteiligt. Geht die Trübung zopfförmig vom Korken aus, handelt es sich um eine Reaktion des Eiweißes mit Gerbstoffen aus dem Kork.

Korrektur
Die notwendige Korrektur erfolgt durch eine rasche Filtration des Weines. Zusätzlich sollte trübungsbereites Resteiweiß ausgeschönt werden.

Vorbeugung
Zur Entfernung trübungsbereiten Eiweißes dient die Betonitschönung. Deren Mengenbedarf wird für jeden Wein mittels Vorversuch ermittelt. Denn zu hohe Gaben greifen unnötig in die Struktur des Weines ein, zu geringe Gaben schaffen keine Sicherheit. Bentonit ist ein Tonmineral, das nicht nur Eiweißverbindungen, sondern auch andere Weininhaltsstoffe an sich bindet. Direkt nach Gärende ergeben Laboruntersuchungen einen sehr hohen Bedarf an Bentonit. Während der Lagerung kann sich dieser Gehalt an trübungsbereitem Eiweiß jedoch verringern; ein Hinauszögern der Bedarfsbestimmung und der Schönung ist deshalb von Vorteil. Mit einer intensiven Vorquellzeit von 48 Stunden kann die Schönungswirkung erhöht werden; Versuche ergaben so eine Reduzierung der Aufwandmenge um bis zu 30%.

Bestens bewährt hat sich das mitvergärend von 150-200g/hl eisenarmen Bentonits. Das Bentonit wird nach Gärende mit dem ersten Abstich abgetrennt. Die Weine weisen meist keine relevanten Eiweißgehalte mehr auf.

Veränderung des Bentonitbedarfs bei einem 2012er Silvaner QbA				
Datum	16.12.2012	3.2.2013	28.7.2013	28.07.2013
Bentonit-Bedarf	280 g/hl ausgeschönt	238 g/hl ausgeschönt	198 g/hl ausgeschönt	198 g/hl nicht ausgeschönt
Verkostungsergebnis (25.9.2000; DLGSchema; n=12)	3,1	2,7	2,8	3,2

Essigsäure-Stich, Essig-Stich, flüchtige Säure, estrig (Krankheit)

Sensorik

Scharfer, in der Nase leicht ziehender Geruch, der sich im Gaumen kratzend und süßlich-scharf bemerkbar macht. Eine gewisse sensorische Vergleichbarkeit mit Essig ist gegeben.

Die Begriffe Essigsäure und flüchtige Säure werden meist als Synonym behandelt.

Zu der Gruppe der flüchtigen Säuren im Wein gehören aber neben der bereits genannten Essigsäure (die den Hauptanteil stellt) noch weitere Verbindungen wie die Ameisensäure oder die Buttersäure. Bereits weit unter den gesetzlichen Höchstwerten, kann es zu einer sensorischen Beeinträchtigung kommen.

- Scharfer Eindruck, essigartig
- In der Nase ziehend, im Gaumen süßlich-kratzig
- Herstellung des Standard: 5 – 10 ml Essig auf 100 ml Grundwein geben

Ursache

Acetaldehyd wird von den Essigbakterien unter Sauerstoffbedarf in Essigsäure verstoffwechselt. Hierbei fallen weitere Verbindungen an, die am typischen Erscheinungsbild des Essig-Stichs beteiligt sind.

Gesetzliche Maximalgehalte an flüchtiger Säure in g/l		
Weißwein, Rosé, Weißherbst	Rotwein	Beerenauslese, Trockenbeerenauslese, Eiswein
1,08 g/l	1,20 g/l	1,80 g/l

Acetaldehyd entsteht durch Hefeaktivität als Vorstufe der Alkoholbildung oder auch durch die Oxidation von bereits gebildetem Alkohol. Die Essigsäurebildung kann bereits am Stock eintreten, wenn es durch Verletzungen der Beerenhaut (Wespen- und Vogelfraß, Hagelschlag, Pilzinfektion, Sauerwurm) zu einer Infektion mit wilden Hefen und Essigsäure-Bakterien kommt. Bei der Traubenlese, beim Traubentransport und bei der Maischebehandlung kann es ebenfalls zu Verletzungen der Beerenhaut kommen. Dies ist bei gesunden Trauben und guter kellerwirtschaftlicher Vorgehensweise jedoch tolerierbar. Bei höheren Lesetemperaturen, belastetem Traubenmaterial oder langsamer Verarbeitung kann das allerdings zu Problemen führen.

Ein Gefahrenpotenzial geht bei schleppender Gäraktivität auch von Milchsäurebakterien aus, die Zuckerstoffe zu flüchtiger Säure umwandeln können (→ Milchsäure-Stich).

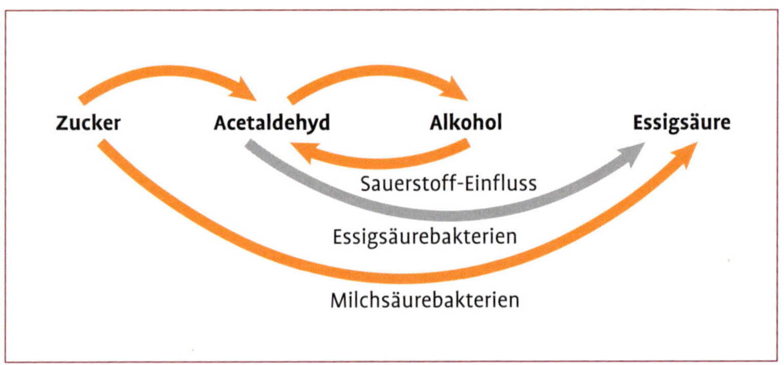

Schema der alkoholischen Gärung und der Bildung von Essigsäure

Korrektur

Wird ein beginnender Essig-Stich nach dem Gärende festgestellt, muss sofort die Abtrennung vom Hefelager erfolgen. Die unerwünschte Bakterientätigkeit und -vermehrung findet überwiegend in der obersten Schicht des Hefedepots statt. Die Einstellung eines stabilen Gehaltes an freier schwefliger Säure von 40–45 mg/l, die Abkühlung des Weines auf idealerweise < 10 °C (geringe Aktivität der Essigsäurebakterien) und eine Zwangsklärung sind weitere Maßnahmen.

Um andere Weinpartien vor einer Infektion zu schützen, sollten die verwendeten Gerätschaften nach dem Gebrauch gereinigt und die Regeln der Kellerhygiene befolgt werden.

- Bei Gehalten < 0,5–0,6 g/l flüchtiger Säure bietet sich eine längere Lagerung zum teilweisen Abbau der flüchtigen Säure und zur sensorischen Verbesserung an. Bei Weinen mit höheren Gehalten wird nur ein späterer, vorsichtiger Verschnitt Abhilfe schaffen.
- Die Erwärmung des Weines auf 20°–25 °C fördert den Austrag flüchtiger Stoffe. Der erwärmte Wein muss dazu in ein offenes Gebinde gelegt und bewegt werden. Diese Maßnahme führt neben der Abnahme der flüchtigen Säure zwangsläufig auch zu einer Abnahme von erwünschten, wertgebenden Weininhaltsstoffen. Die Intensität dieser Behandlung und die Frage, ob der Wein danach noch selbstständig ist, kann nur die Sensorik entscheiden.
- Eine weitere Möglichkeit überhöhte Gehalte an flüchtiger Säure zu mindern bieten technische Verfahren. Hierfür ist allerdings eine Ausnahmegenehmigung der zuständigen Behörde nötig.

Vorbeugung

Sobald eine Verletzung der Beerenhaut eintritt, besteht die Gefahr der Infektion mit Essigsäurebakterien. Somit setzen Maßnahmen zur Vermeidung eines erhöhten Gehalts an flüchtigen Säuren bereits im Weinberg an.

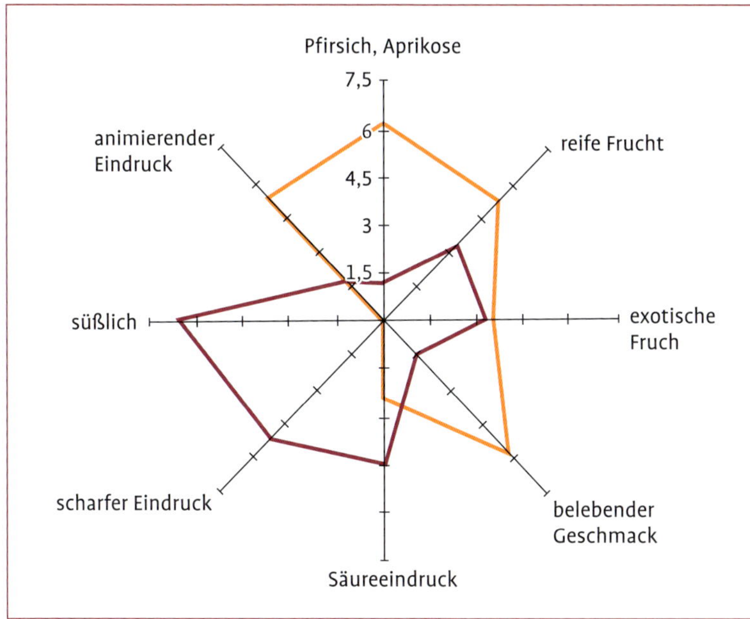

QDA-Analyse zweier Riesling-Weine
Wein A (orange): fehlerfrei
Wein B (weinrot): negativ verändert

- Auslese verletzter Trauben und getrennter Ausbau oder Kompostierung
- rasche Lese; rascher Traubentransport; rasche Maische- und Mostverarbeitung bei kühlen Temperaturen (Essigsäurebakterien < 10 °C inaktiv, aber nicht abgetötet)
- eventuell Maische/Mostschwefelung mit Kaliumdisulfit (bis zu 10 g/hl),
- pH-Wert-Absenkung des Mostes auf Werte <3,4 zur Verringerung der mikrobiologischen Ativität; möglich ist dies mit einer Mostsäuerung (Achtung weingesetzliche Vorschriften beachten!). Die Weinsäuregabe hat die besten Effekte auf eine pH-Absenkung.
- eventuell Kurzzeit-Hocherhitzung des Mostes
- scharfe Vorklärung
- zügige Vergärung mit höherer Hefegabe
- zum Gärende hin sensorische Überwachung
- schnelle Abkühlung nach Gärende, rascher Abstich von der Grobhefe
- zügiges Einstellen eines stabilen Gehaltes an freier schwefliger Säure (40–50 mg/l)
- notfalls Zwangsklärung mit entkeimender Filtration

Faul-Ton (Fehler)

→ Böckser, S. 81
→ Umwelt-Note, S. 121

Frost-Ton (Fehler)

Sensorik

Der Wein bekommt eine gelbbraune bis rotbraune, an eine Oxidation erinnernde Färbung. Sensorisch macht sich der Frost-Ton durch bittere, süßliche Noten, aber auch grasig-unreife Komponenten bemerkbar. Als typisches Merkmal wird auch ein an Bratäpfel erinnernder Geruch beschrieben (Würdig/Woller).

- gelb-/rotbraune Färbung (an Oxidation erinnernd)
- bitter-süßlich, grasig-unreif, unreif-süßlicher
- schwarze Brotrinde, Bratäpfel

Ursache

Durch Frosteinwirkung kommt es bei unreifen Trauben zu einer Zellzerstörung, wodurch es zur Ausbildung dieses eigentümlichen Geschmacksbilds kommt. Bei Mostgewichten von 70 °Oechsle oder mehr tritt dieser negative Effekt immer mehr in den Hintergrund.

Korrektur

Neben einer reinen Aktivkohle-Gabe (gesetzlicher Höchstwert 100 g/hl) wird in der Literatur eine Kombination aus leichter Kohle- und Blauschönung als Behandlungsmaßnahme genannt.

Vorbeugung

Damit der Fehler auftritt, müssen unausgereifte Trauben und Frosttemperaturen zusammenkommen. Eine echte Prophylaxe erscheint deshalb schwer möglich. Eine selektive Lese kann jedoch als vorbeugende Maßnahme eingesetzt werden.

Geranien-Ton, Pelargonien-Ton (Fehler)

Sensorik

Der Wein weist intensive, strenge, ins blättrig-blumige gehende, an Geranien erinnernde Aromen auf.

- streng, pflanzlich-blättrig, blättrig-blumig
- Geranienblätter
- Herstellung des Standard: 1 – 2 Geranien/Pelargonien-Blätter für 2 Stunden einlegen

Ursache

Diese sensorische Auffälligkeit entsteht, wenn Sorbinsäure durch Milchsäurebakterien zu 2,4-Hexadien-I-ol (Sorbinol) umgewandelt wird, welches wiederum mit dem weineigenen Alkohol eine Reaktion eingeht. Zudem kann die mit Sorbinsäure stabilisierte Süßreserve eine Fehlerquelle sein. Kommt es hier zur Tätigkeit von Milchsäurebakterien, ist die

Bildung des geschmacklich unauffälligen 2,4-Hexadien-I-ol (Sorbinol) möglich. Erst nach dem Füllverschnitt bildet sich dann mit dem Reaktionspartner Weinalkohol der Fehl-Ton aus.

Da die Bildung des Geranien-Tons mehrere Wochen dauert, ist beim Verschnitt vor der Füllung, keine sensorische Veränderung bemerkbar.

Bei Barrique-Rotweinen, die lange Zeit ohne Schwefelgabe lagern, können ähnliche Noten auftreten. Eine Sorbinsäure-Zugabe als Verursacher konnte in diesen Fällen immer definitiv ausgeschlossen werden, der Auslöser ist unbekannt.

Korrektur

Eine Behandlung mit Aktivkohle (gesetzlicher Höchstwert: 100 g/hl) zeigt die besten Resultate.

Vorbeugung

Beim Einsatz von Sorbinsäure zur Füllung ist eine Bakterientätigkeit auf der Flasche zu verhindern. Dies gelingt durch das Einstellen eines stabilen Gehaltes an freier schwefliger Säure und eine Sterilfiltration.

Die beste Maßnahme zur Vorbeugung ist jedoch, auf den Einsatz von Sorbinsäure zu verzichten, da sie zusätzliche Nachteile mit sich bringt:

- Sorbinsäure wirkt bei der gesetzlichen Höchstgrenze (200 mg/l Sorbinsäure oder 268 mg/l Kaliumsorbat) nur gegen Hefen, dies aber auch nur bei geringer Keimdichte und ausreichendem Schwefelschutz.
- Ein Schutz gegen Bakterientätigkeit und den bakteriellen Verderb des Weines bei Unsterilität könnte also nicht erreicht werden. Und gerade die Bakterientätigkeit verursacht wiederum den Geranien-Ton.
- Einen zuverlässigen Schutz gegen die Bakterientätigkeit und den drohenden Geranien-Ton bietet nur die keimarme Einlagerung/Abfüllung mit einem ausreichend hohen Gehalt an freier schwefliger Säure. Dies macht die Sorbinsäure als Schutz gegen die Hefen überflüssig.

Hellfarben, klein, wasserhell (Mangel)

Sensorik

Der Wein ist glanzhell, weist aber eine unzureichende, sehr helle Färbung auf. Bezeichnenderweise werden hellfarbige Weine meist auch als klein, schlank und leicht beschrieben. Die fehlenden Inhaltsstoffe machen sich nicht nur bei der schwachen Färbung, sondern auch als Mangel bei der Verkostung bemerkbar.

- Sehr helle, unzureichende Färbung
- Klein, schlank, leicht, unauffällig, filigran

Ursache

Solche in Farbe und Geschmack unauffälligen, filigranen Weine entstehen, wenn hohe Erträge bei ungenügender Wasserversorgung nur eine unzureichende Einlagerung von wertgebenden Mineralstoffen, Spurenelementen und phenolischen Verbindungen zulassen. Eine weitere Ursache kann die extreme Oxidation im Moststadium sein, die zur starken Abreicherung phenolischer Verbindungen führt.

Weißweine:

Die typische grün-gelbliche Farbe des Weißweines kommt durch die Oxidation von Weininhaltsstoffen zustande. Weinbauliche Faktoren, aber auch sortentypische Eigenschaften führen zu geringen Gehalten oxidationsbereiter Weininhaltsstoffe.

Als weitere Fehlerquelle kommt neben einem intensivem Einsatz von Aktivkohle, Bentonit oder PVPP, auch ein stark reduktiv ausgerichteter Ausbau (extrem frühe und hohe Erstschwefelung, freie schweflige Säure > 50 mg/l) infrage.

Rotweine:

- mangelhafte Durchfärbung der Trauben
- Farbverluste durch fäulnisbelastete Trauben (der Sauerstoffeinfluss zerstört im Maische/Moststadium die Farbe)
- zu frühe und zu starke Schwefelung (nach Ende der Gärung bzw. des biologischen Säureabbaus müssen Polymerisationsprozesse zwischen den Reaktionspartnern Farbstoff, Gerbstoff und Sauerstoff ermöglicht werden. Ein Abstich mit Luft, besser noch die Weinlagerung im Holzfass, ist hier eine geeignete Maßnahme. Mit der Erstschwefelung in Höhe von max. 5 g/hl muss mindestens zwei bis drei Wochen gewartet werden, um diese Prozesse zuzulassen. Moderate Schwefelgaben (max. 30 mg/l) während des weiteren Ausbaus tragen zur Farbschonung bei.

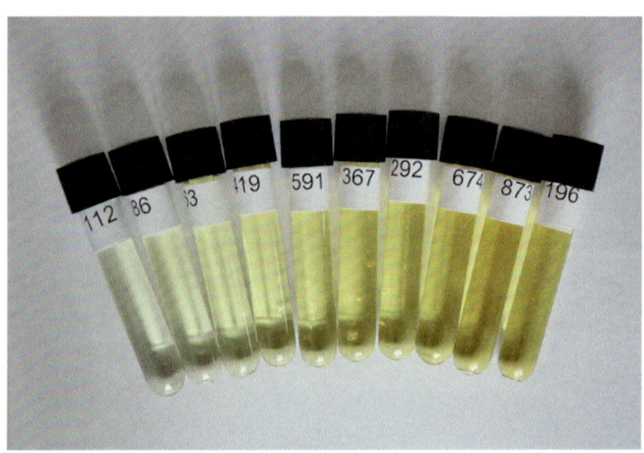

Färbung von „hell“ bis „hochfarbig“

Korrektur

Bei zu starker Reduktivität als Ursache kann ein sehr vorsichtiger, gemäßigter Sauerstoffzutritt Verbesserung schaffen. Gerade die spundvolle Lagerung im Holzfass ermöglicht einen langsamen Luftkontakt und bietet sich somit an. Auf jeden Fall müssen eine Braunfärbung und die Ausbildung einer Oxidations-Note (→ S. 111) verhindert werden.

Liegt die Ursache in zu hohen Erträgen, zu früher Lese oder zu trockenen Standorten, sind kellerwirtschaftliche Maßnahme wie Verschnitte oder dienende Süße nur als Reparatur zu verstehen.

Vorbeugung

Die Prävention muss im Weinbau ansetzen. Bei zu hoher Reduktivität während des Ausbaus hilft ein moderater Umgang mit der Schwefelung (verzögerte Erstschwefelung, gemäßigte Gaben, Einstellung der freien schwefligen Säure auf 45 bis max. 50 mg/l).

Kahm-Note (Krankheit)

Sensorik

Der Kahmhefen-Befall macht sich durch ein dünnes, ausgezogenes und oxidiertes Geschmacksbild bemerkbar. Durch den Hefestoffwechsel kann es zur Bildung von Essigsäure, Acetaldehyd, Äthylacetat und weiteren Stoffwechselprodukten mit den dafür typischen Geschmacksprofilen kommen. Die Umwandlung des Alkohols zu Acetaldehyd bringt eine Abnahme des Gehaltes an freier schwefliger Säure mit sich.

Ein Kahmhefe Befall kann nur auf dem Flüssigkeitsspiegel eines Anbruchgebindes auftreten. Es bildet sich ein anfangs dünner, weißlich-gräulicher Film, der im späteren Stadium zu einer dicken grau-braunen Hefeschicht anwächst.

- dünner, weißlich-gräulicher Film auf dem Flüssigkeitsspiegel des Anbruchgebindes; kann später zu dicker grau-brauner Hefeschicht anwachsen
- sherryartig, dünn, ausgezogen
- essigartig, scharf
- brauner Apfelschnitz

Ursache

Verursacher sind Kahmhefen (Pichia, Hansenula, Candida etc.), die als Bestandteil der natürlichen Hefeflora in jedem Most zu finden sind. Während der eigentlichen Weinvergärung werden sie von den erwünschten Gärhefen der Saccharomyces cerevisiae-Stämme unterdrückt und spielen nur eine untergeordnete Rolle.

Kahmhefen verarbeiten unter Sauerstoffbedarf Äthylalkohol und nutzen diese Reaktion als Energiequelle. Bei längerfristigem Sauerstoffkontakt nach Gärende kann es deshalb zu einer rasanten Vermehrung der

Kahmhefen-Population kommen, die sich als anfangs dünne Haut, später als dickliche, pelzige Hefeschicht auf dem Flüssigkeitsspiegel des Gebindes präsentiert.

Da es sich bei den Kahmhefen um eine ganze Gattung mit sehr unterschiedlichen Eigenschaften handelt, sind auch die Folgen eines solchen Hefebefalls vielschichtig:

- Abnahme des Alkoholgehaltes
- Bildung von Acetaldehyd, Essigsäure und Äthylacetat (→ Lack-Note, S. 103)
- Abbau von qualitätsgebenden, die Weinart bestimmenden Inhaltsstoffen wie Glyzerin, Säure, höherwertigen Alkoholen etc. und dadurch Extraktabnahme
- Ausprägung der fehlerhaften Sensorik

Korrektur

Zuerst muss durch den vorsichtigen Abzug des Weines und seine Filtration die Abtrennung der Kahmhefen erfolgen. Ein einfaches Beifüllen des Gebindes bewirkt nur, dass die Hefeschicht an der Oberfläche zerreißt und in den Wein absinkt. Die Kontrolle und Korrektur der freien schwefligen Säure auf einen stabilen Wert ist obligatorisch.

Zur sensorischen Korrektur eignet sich eine Hefeschönung. Der Einsatz von Kohle kann ebenfalls eine Verbesserung erzielen. Hierbei ist es jedoch wichtig einen Vorversuch durchzuführen.

Vorbeugung

Die einzig notwendige Prävention sind spundvolle Gebinde – eine Maßnahme, die in der modernen Kellerwirtschaft gängig ist. Eine richtig durchgeführte Überlagerung mit Schutzgas (→ Vorversuche & Tipps, S. 70) verhindert ebenfalls die Ausbreitung dieser unerwünschten Mikroorganismen, kann aber als kurzfristige Lösung nur die zweite Wahl bleiben. Da Kahmhefen sehr schwefel-resistent sind, ist auch ein prophylaktischer Schutz durch einen hohen Gehalt an freier schwefliger Säure nicht möglich.

Koch-Ton, Rauch-Ton, angebrannte Note (Fehler)

Sensorik

Die Weine weisen brenzlige, rauchige, angebrannte Aromen auf. Das Geschmacksbild erinnert an angebrannte Milch oder karamellisierte Noten.

- brenzlig, rauchig, angebrannt
- angebrannte Milch, karamellisierte Noten
- Herstellung des Standard: Ein Stück Holz anzünden, löschen, auskühlen lassen und für zwei Stunden einlegen

Ursache

Ursache für diese Aromen ist die lokale Überhitzung von Most, Maische oder Wein. Als Folge kommt es zur Bildung von Hydroxymethylfurfural (HMF), das für den Kochgeschmack verantwortlich ist.

Korrektur

Praxiserfahrungen zufolge können Behandlungen mit Kupfersulfat ($CuSO_4$), Aktivkohle oder auch PVPP eine gewisse Besserung erzielen. Die besten Ergebnisse zeigten sich jedoch mit einer längeren Fasslagerung der betroffenen Weine.

Vorbeugung

Alle Situationen, bei denen für Maische, Most oder Wein eine Überhitzung droht, sind bedenklich. Besondere Gefahrenquellen sind:

- zu niedrige Fließgeschwindigkeit oder Unterbrechung des Pumpvorgangs bei der Maische-Erhitzung im Doppelröhrenerhitzer
- Erwärmung der Maische ohne ausreichende Durchmischung
- Einsatz von ungeregelten Heizstäben
- Erwärmung von Most oder Jungwein mittels Heizlüfter (wenn das Heißluftgebläse direkt auf den Tank gerichtet wird)

Kohlensäurescharf, CO2-scharf (Mangel/Krankheit)

Sensorik

In Abhängigkeit von der Ursache präsentiert sich die Sensorik sehr unterschiedlich.

Ein reines Übermaß an Kohlensäure zeigt sich durch eine Schaumschicht in der frisch geöffneten Flasche, einen Bläschenring im Glas und durch harte, scharfe, säurebetonte Geschmackseindrücke.

Unerwünschte mikrobiologische Aktivitäten hingegen führen neben der Kohlensäurebildung zu einem gänzlich anderen Geruchs- und Geschmacksbild (→ -Milchsäure-Stich, S. 107; → Nachgärung, S. 109).

Vor allem bei Rotweinen ist ein Übermaß an Kohlensäure ein großes Problem, da die Schärfe dem erwünschten weichen/samtigem Erscheinungsbild entgegensteht. Ein mehrfaches Umgießen zwischen zwei Gläsern verringert den Kohlensäuregehalt und lässt beim Vergleich zum Original, eine bessere Verifizierbarkeit zu.

- Schaumschicht in der frisch geöffneten Flasche, Bläschenring im Glas
- scharf, prickelnd, hart, säurebetont
- Herstellung des Standard: Wein mit Kohlensäure aus Kohlensäurespender versetzen

Ursache

Kohlensäure im Weißwein wird mit Frische und Lebendigkeit verbunden. Der Erhalt der Gärungskohlensäure ist ein Zeichen für den schonenden Umgang mit dem Wein in der Kellerwirtschaft. Ein Übermaß an Gärungskohlensäure wird aber als negativ empfunden.

Bei Rotwein wird meist jeder schmeckbare Gehalt an Kohlensäure abgelehnt.

Eine zweite Ursache kann in einer zu starken Kohlensäure-Auffrischung vor oder bei der Füllung liegen. Als Folge mikrobiologischer Aktivitäten (→ Nachgärung, → Milchsäure-Stich) kann es ebenfalls zur Kohlensäurebildung kommen.

Korrektur

Die sanfte Erwärmung des Weines auf max. 20 °C in Verbindung mit kurzen Rührintervallen bringt gute Ergebnisse. Die Löslichkeit der Kohlensäure nimmt bei höheren Temperaturen ab, die Bewegung animiert die Blasenbildung.

Eine weitere Möglichkeit stellt die Begasung mit der Frittekerze und 1–1,5 kg Stickstoff/1000 l dar.

Vorbeugung

Anzuführen sind hier die rechtzeitige sensorische Überprüfung und die, falls notwendig, zielgerichtete Korrektur. Bei Rotwein ist vor allem die Holzfasslagerung, neben all ihren anderen positiven Einflüssen, geeignet den Kohlensäuregehalt zu vermindern.

Bläschenring beim Rotwein

Kork-Note, Korkgeschmack (Fehler)

Sensorik

Das Weinaroma tritt in den Hintergrund. Der Kork-Ton kann auch mit einer Schimmel-Note (→ S. 115) verwechselt werden. Die Schnittmenge zu einer Umwelt-Note (→ S. 121) ist groß. Eine beginnende oder schwach ausgeprägte Kork-Note lässt sich oftmals auf dem Gaumen und im Nachgeschmack besser erkennen als in der Nase.

- muffig, dumpf, schimmelig, faulig-modrig
- krautig-bitter

Korktest zur Bewertung und Kontrolle von Korkproben.

1. Einen oder mehrere Korken in Stücke schneiden, in einem Gefäß (Erlenmeyerkolben) mit möglichst wenig geruchsfreiem (destilliertem) Wasser bedecken und fünf Minuten kochen lassen.
2. Nach Entfernen der Korkstücke und der Abkühlung des Kochwassers erfolgt dann die sensorische Kontrolle der Wasserprobe.

Ursache

Hauptauslöser für den Korkgeschmack ist der Stoff 2,4,6- Trichloranisol (TCA) (s. auch Umwelt-Note). Neben ihm gibt es aber noch weitere chlorhaltige Verbindungen, die zu der typischen Aromatik dieses Weinfehlers beitragen. Die Ursachen für die Entstehung dieser Substanzen sind Missstände bei der Korkproduktion. Dazu gehören chlorhaltige Pflanzenschutz- und Bleichmittel, sowie Schimmelpilzbefall während der Lagerung der unbearbeiteten Korkrinde.

Eine Probe mit mehreren Korken im Gefäß lässt eine Kork-Note deutlicher hervortreten. Mehrere Einzelproben einer Lieferung lassen Rückschlüsse auf die prozentuale Quote des Korkgeschmacks zu (Beispiel: zehn Korken einzeln bewertet, drei davon negativ).

Korrektur

Der Stoff 2,4,6- Trichloranisol, der den Kork-Ton verursacht, weist so niedrige Geruchsschwellenwerte auf (2–4 ng/l), dass von einem Verschnitt eines mit dem Kork-Ton befallenen Weines abzuraten ist.

Äußerste Vorsicht ist deshalb auch bei dem Aufziehen einer korkbelasteten Füllung geboten. Die Flaschen müssen einzeln probiert werden, um den unbelasteten Weinanteil nicht noch nachträglich zu verderben.

Eine Behandlung hat nur mit hohen Aktivkohlegaben Sinn. Dies birgt jedoch die Gefahr danach einen unselbstständigen Wein zu bekommen.

Vorbeugung

Da die Ursache für die Trichloranisolbildung im Einflussbereich der Korkproduzenten liegt, kann die Vorbeugung nur in der Wahl des Korklieferanten liegen. Korkproben bringen zwar keine hundertprozentige Sicherheit, schaffen aber eine gewisse Kontrollmöglichkeit.

Durch die dokumentierte Verwendung zweier verschiedener Korken kann zumindest der Kork als Ursache eindeutig ermittelt werden. Treten Fehl-Noten nur bei den Flaschen der einen Korkpartie auf, während die Flaschen mit dem anderen Kork fehlerfrei sind, ist der Beweis für die Ursache erbracht.

Kristalltrübung (Fehler)

Sensorik

Während die meisten Kristallausscheidungen im Wein eine kompakte, sich rasche ablagernde Struktur aufweisen, kann es im Einzelfall zu feinkristallinen Verbindungen kommen, die sich nur zögerlich absetzen und von anderen Trübungsursachen schwerer zu unterscheiden sind.

Gerade bei Jungweinen kann eine schockartige Abkühlung zu so einer feinkörnigen Auskristallisation führen.

- leichte Trübung
- keine geschmackliche Beeinträchtigung des Weines, Kristalle schmecken leicht säuerlich

Ursache

Neben dem klassischen Weinstein, einer Verbindung von Weinsäure und Kalium zu Kaliumhydrogentartrat (KHT), kann es zu einer Vielzahl weiterer kristalliner Ausscheidungen im Wein kommen. Verbindungen von Kalzium mit Weinsäure (Kalziumtartrat), aber auch mit Oxalsäure (Kalziummoxalat) gehören in diese Gruppe.

Bei Botrytis-Befall des Lesegutes besteht noch die mögliche Verbindung zwischen Schleimsäuren als Stoffwechselprodukten des Pilzes und Kalzium (Kalziummucat).

Der Ausfall des Weinsteins/KHT beginnt unter Umständen bereits in der Beere, setzt aber meist während der Gärung ein. Besonders bei hohen pH-Werten (um 3,6) weist das KHT eine starke Kristallisationsneigung auf, sodass es zu einem starken Weinsteinausfall kommt. Allen Kristalltrübungen eigen ist, dass im Wein eine übersättigte Lösung vorliegen muss.

Die Verringerung der Löslichkeit und damit die Steigerung der Übersättigung werden durch Faktoren wie niedrige Temperatur, hohe pH-Werte oder auch höhere Alkoholgehalte begünstigt. Wird ein Maß der Übersättigung überschritten, kommt es zur Auskristallisation, die durch Kristallisationskerne wie fein gemahlener Weinstein oder auch raue Gebinde-Innenwände noch verstärkt wird.

Korrektur
Der kristallinstabile Wein muss filtriert und durch geeignete Maßnahmen (Kältebehandlung, Metaweinsäure, Gummi Arabicum-Präparate) stabilisiert werden.

Vorbeugung
Prophylaktische Maßnahmen fördern entweder die Kristallisation vor der Abfüllung oder verhindern die Auskristallisation durch den Zusatz von Schutzkolloiden.

- Abkühlung des Weines über mehrere Tage auf Temperaturen bis 0 °C (Winterkälte) verringert die Löslichkeit und forciert die Auskristallisation. Wichtig ist die gelegentliche Bewegung des Weines, um seinen Kontakt mit der kalten Gebindewand zu gewährleisten.
- Zugabe von Kontaktweinstein (4 g/l) verstärkt die Kristallisation; der fein gemahlene Weinstein verstärkt noch die Überkonzentration im Wein und sorgt vor allem für die notwendigen Kristallisationskerne.
- Schutzkolloide blockieren die Kristallbildung. Metaweinsäure (gesetzlicher Höchstwert 10 g/hl) oder auch Gummi Arabicum-Produkte führen zu einer zeitlich begrenzten Weinstein-Stabilität und sollten erst ca. eine Woche vor der Abfüllung zugegeben werden. Metaweinsäure ist eine veresterte Weinsäure. Höhere Temperaturen während der Lagerung der gefüllten Weine führen zu einem beschleunigten Abbau der Veresterung und verkürzen die Schutzwirkung. Zuverlässigere und zeitlich nahezu unbegrenzte Schutzwirkung zeigt die Zugabe von Carboxymethylcellulose (CMC) (gesetzlicher Höchstwert 100mg/l). Ungeeignet ist das CMC bei Rot-und Roséweinen, hier kann es zu Farbausfällungen kommen.

Kupfertrübung (Fehler)

Sensorik
Sehr feine grün-bläuliche Trübung, gelegentlich auch als weiß-bräunlich umschrieben, mit leichter Opaleszenz. Die Trübung setzt sich schwer ab

Der Einfluss von Luftkontakt und Ascorbinsäure auf Kupfer- bzw. Eisentrübung		
	Kupfertrübung	Eisentrübung
Luftkontakt	wird schwächer oder verschwindet	wird stärker oder tritt erst auf
Ascorbinsäure	wird stärker oder tritt erst auf	wird schwächer oder verschwindet

- grün-bläuliche/weiß-bläuliche Trübung, opaleszierend, setzt sich schwer ab
- bitter-metallischer Nachgeschmack, fades Geschmacksbild

und kann sich in der Flasche streifenförmig oder als kleine Scheibe zusammenlagern (WÜRDIG/WOLLER).

Charakteristisch ist, dass die Kupfertrübung unter Sauerstoffeinfluss zurückgeht, unter Steigerung der Reduktivität zunimmt.

Ursache
Kolloidal gelöstes Kupfer verbindet sich hauptsächlich mit Gerbstoffen oder Eiweißverbindungen und führt zur sichtbaren Trübung des Weines.

Korrektur
Zu hohe Kupfergehalte können nur durch eine Blauschönung verringert werden. Zur unbedenklichen Entfernung des Kupfers muss aber bei der Blauschönung ebenfalls ein ausreichender Gehalt an Eisenverbindungen vorliegen, sonst droht der Verbleib von gelösten Cyanidverbindungen im Wein (Labor aufsuchen!).

Eine bestehende Trübung muss durch die Filtration des Weines entfernt werden.

Achtung: Die Schönung darf nur durch eine ausgebildete Fachkraft erfolgen. Bei falscher Ausführung besteht die Gefahr der lokalen Überschönung mit Bildung eines Bittermandel-Tons (→ S. 81). Der Schönungstrub muss als Sondermüll entsorgt werden.

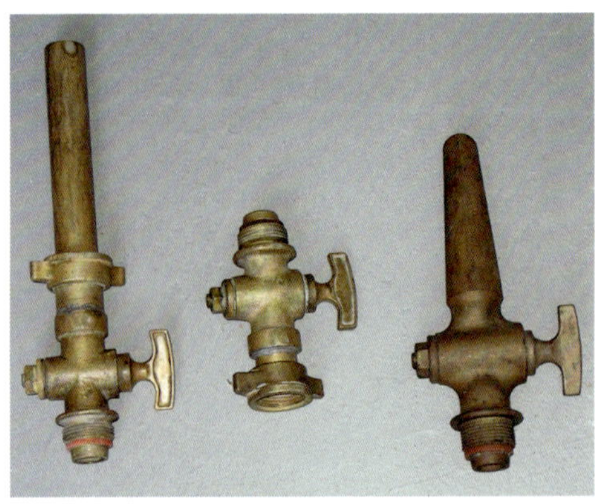

Achtung bei kupferhaltigen Messing-Gerätschaften

Vorbeugung
Durch die Verdrängung kupferhaltiger Gerätschaften aus der modernen Weinbereitung, erfolgt ein Eintrag von nennenswerten Gehalten an Kupferionen nur durch die Kupfersulfatschönung. Eine Eintrübung kann, je nach Reduktivität, bereits bei 0,3–0,4 g/hl Kupfersulfat eintreten. Zur Verringerung der Trübungsgefahr muss daher die Bedarfsmenge im Vorversuch genau ermittelt werden.

Bei hohem Kupfersulfatbedarf kann ein vorgeschaltetes Lüften oder die Kohlensäure-Impulsbegasung zur Verringerung der Aufwandmenge beitragen (→ Böckser

Lack-Note, Ethylacetat, UHU-Note, Essigsäureäthylester, Patex-Ton (Krankheit)

Sensorik
Der Wein riecht nach chemischen Lösungsmitteln die an Aceton, Nagellackentferner oder Alleskleber erinnern. Oftmals sind parallel dazu auch muffig-dumpfe oder schimmelige Noten erkennbar.

- Aceton, Nagellackentferner, Alleskleber
- muffig-dumpf, schimmelig
- Herstellung des Standard: 2 cm aus Alleskleber-Tube für zwei Stunden einlegen/auflösen; oder zwei Tropfen Äthylacetat in einen Liter Grundwein geben

Ursache
Die geruchsaktive Substanz hier ist das Ethylacetat (Essigsäureethylester). Dieser Ester aus Essigsäure und Ethanol entsteht als Folge der Tätigkeit von Essigsäurebakterien bei gleichzeitiger Bildung von Alkohol.

Dieser Vorgang kann bei angeschlagenem Traubengut bereits im Weinberg einsetzen, meist kommt es erst während der Gärung zur Bildung größerer Ethylacetatmengen. Neben den Hefen und Bakterien besiedeln als Sekundärinfektionen auch Schadpilze die verletzten Beeren. Die Stoffwechselprodukte dieses Pilzbefalls führen dann zu den oftmals feststellbaren muffig-dumpfen Komponenten.

Korrektur
Die sensorischen Auswirkungen des Ethylacetats können mit keinem zugelassenen Behandlungsmittel behoben werden. Bei langer Lagerung wurde teilweise eine Verringerung beobachtet.

Eine weitere Möglichkeit ist, durch Erwärmen des Weines die leicht flüchtige Substanz zumindest teilweise auszutreiben. Den auf 20–25 °C erwärmten Wein in ein offenes Gebinde legen und durch leichtes Rühren in Bewegung bringen. Eine solche Maßnahme führt sicherlich nicht zur absoluten Fehlerfreiheit, kann aber die Situation verbessern und den

Fäulnisbelastetes Traubengut: möglicher Ausgangspunkt für die Lack-Note

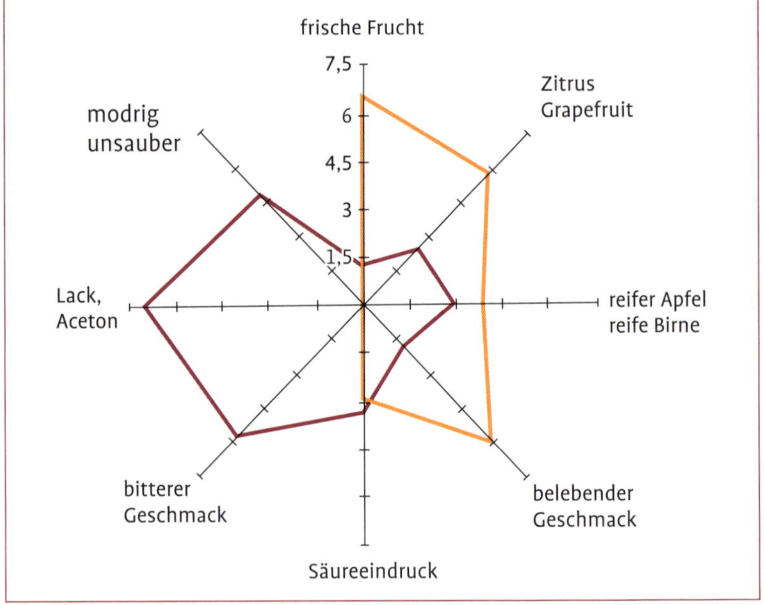

Diagramm nach QDA-Analyse zweier Müller-Thurgau Weine
Wein A (orange): fehlerfrei
Wein B (weinrot): negativ verändert

Wein für einen Verschnitt vorbereiten. Der parallel laufende Verlust positiver, erwünschter Aromen muss hierbei in Kauf genommen werden. Grundsätzlich ist ein Verschnitt denkbar, gestaltet sich aber sehr schwierig, da die Sensorik des Äthylacetats sehr dominant ist.

Vorbeugung
Da es sich um die Folgen unerwünschter mikrobiologischer Aktivitäten handelt, setzen die Maßnahmen zur Vermeidung bereits im Weinberg an. Sobald eine Verletzung der Beerenhaut eintritt, besteht die Gefahr einer bakteriellen Infektion und der daraus resultierenden Bildung von Essigsäure. Somit greifen hier die gleichen Präventivmaßnahmen wie beim Essig-Stich (→ S. 89).

Mannit-Stich (Krankheit)

Sensorik
Die Weine weisen süßlich-kratzige, essigstichige Noten auf. Die Bildung des Mannits geht mit einer Erhöhung der Viskosität einher, und kann als Folge eines missglückten bzw. unerwünschten Milchsäure-Abbaus (→ Milchsäure-Stich, S. 107) auftreten.

- Süßlich-kratzig, essigstichige Noten

Ursache
Es handelt sich hier um Stoffwechselprodukte von Milchsäurebakterien, seltener aus Kahmhefe-Tätigkeit (→ S. 95). Fructose, die ja bei Gärende überwiegend vorliegt, wird zum sechswertigen Alkohol Mannit umgewandelt. Hauptgrund für diese Entwicklung ist der biologische Säureabbau bei nicht gänzlich durchgegorenen Weinen. Neben dem Abbau von Äpfelsäure zu Milchsäure wird von den Bakterien auch die Fructose verarbeitet.

Korrektur
Als Korrekturmaßnahme steht neben einer Aktivkohlegabe nur ein Verschnitt zur Verfügung.

Vorbeugung
Meist sind Milchsäurebakterien die Ursache. Seltener können aber auch Kahmhefen zur Mannitbildung beitragen.

Der Restzuckergehalt, genauer die zum Ende der Gärung noch vorhandene Fructose, wird durch die Milchsäurebakterien in Mannit verstoffwechselt. Parallel kann es auch zur Essigsäurebildung kommen. Deshalb sind folgende Punkte zu beachten:

- besonderes Augenmerk ist auf restsüße Weine und deren bakterielle Stabilität zu legen; d. h. niedrige Lagertemperaturen, stabiler Gehalt an freier schwefliger Säure von 40–50 mg/l, früher Abstich und frühe Filtration
- Kontrolle aller Weine, die einen biologischen Säureabbau durchlaufen sollen, auf deren komplette Vergärung (< 2,0 g/l Restzucker)

Mäusel-Note (Krankheit)

Sensorik

Der Wein weist einen unangenehmen, lang anhaltenden Nachgeschmack auf, der an stockige Wäsche oder Mäuseharn erinnert. Der Geschmackseindruck im Gaumen ist sehr prägnant und anhaltend. Eine in die oxidative Richtung gehende Note kommt oftmals hinzu. Die schwer flüchtige Aromakomponente lässt sich neben dem Geschmackseindruck im Gaumen am intensivsten im angewärmten, leeren Glas feststellen.

- Unangenehm, lang anhaltender Nachgeschmack im Gaumen (tritt erst mit einigen Sekunden Verzögerung ein)
- Oxidative, unangenehm stechende Eindrücke

Ursache

Verantwortlich für die Bildung der Mäusel-Note sind Milchsäure abbauende Bakterien (*Lactobacillus brevis/Lactobacillus cellobiosus*) oder Hefestämme der Gattung Brettanomyces (→ animalische Note, S. 76).

Grundsätzlich ist deren unerwünschte Aktivität bereits während der Gärung möglich, tritt aber sensorisch meist erst nach der Gärphase in den Vordergrund. Durch mangelhafte mikrobiologische Stabilität kann der Fehler (als Folge der unerwünschten Tätigkeit von Hefen und Bakterien) während des ganzen Ausbaus auftreten. Ein erhöhtes Risiko zur Ausbildung des Weinfehlers besteht bei Restzuckergehalten im Wein.

Korrektur

Die mikrobiologischen Vorgänge können nur mit einer Sterilfiltration und einer Schwefeldioxidgabe gestoppt werden. Bei leichten Fällen ist eine Besserung durch eine Hefeschönung oder den Verschnitt mit einem säurereichen Wein möglich. Für schwerwiegendere Fälle empfiehlt sich eine Aktivkohlebehandlung oder die Umgärung (Würdig/Woller; Eder).

Ob der Wein anschließend selbstständig bleiben kann, entscheidet die Sensorik.

Bei einem Verschnitt muss durch eine zuverlässige Sterilfiltration des belasteten Weines die Infektion des gesunden Partners ausgeschlossen werden.

Vorbeugung

Als Präventionsmaßnahme ist eine ordentliche Kellerhygiene zur Vermeidung unerwünschter Mikroorganismentätigkeit einzuhalten. Sauberkeit, schnelle Verarbeitung, Schwefeldioxid-Schutz und die rechtzeitige Filtration, vor allem bei niedrigen Säuregehalten und hohem pH-Wert, sind hier die Eckpunkte für die mikrobiologischen Stabilität der Weine (→ Milchsäure-Stich, S. 107; → Essigsäure-Stich, S. 89; → Kahm-Note, S. 95).

Mercaptan-Böckser, Lager-Böckser (Fehler)

Sensorik

→ Böckser, S. 82

„Biologischer Säureabbau" (BSA)

- erwünschter Abbau weineigener Äpfelsäure durch Bakterienkulturen

Schwefelwasserstoff und seine Folgeverbindungen entwickeln sich zu chemisch stabileren Komplexen weiter. Der dabei entstehende Fehler wird auch als verhockter Böckser bezeichnet.

Beschrieben werden die entstehenden Fehlnoten mit Attributen wie verbranntem Gummi, Kohl, faulig oder käsig.

- faulig, käsig
- Gummi, verbrannter Gummi, gekochter Kohl
- Herstellung des Standard:
  - ein Stück Fahrradschlauch oder roten Laborgummischlauch für mehrere Stunden in Wein einlegen
  - Kochwasser von Weißkohl
  - Ein Stückchen Knoblauch für 5 Minuten in Wein einlegen

Ursache

→ Böckser, S. 82

Korrektur

Die Korrektur eines Mercaptan-Böcksers gestaltet sich in zunehmendem Maße schwierig. Kupfersulfat zeigt oft keine Wirkung mehr, besser ist es hier mit Kupfercitrat oder noch besser mit Silberchlorid zu arbeiten. Hier sollte zuvor eine Gabe von 50mg/l Ascorbinsäure erfolgen. Die Ascorbinsäure spaltet die Disulfidverbindungen und mach sie für das Silberchlorid zugänglich.

Vorbeugung

Da der Mercaptanböckser die Weiterentwicklung eines Böcksers ist, ist die beste Vorbeugung einen Böckser zu vermeiden oder zügig zu entfernen.

Milchsäure-Stich Abbau-Note, Molke-Ton, Diacetyl-Ton (Krankheit)

Sensorik

Im Extremfall sehr unangenehmer Geruch und Geschmack. Die meistgenannten Beschreibungen sind käsig, schweißig, buttrig, scharf-stichig, an Sauerkraut, Molke oder Joghurt erinnernd. Ein vermehrter Kohlensäuregehalt des Weines ist zu beobachten. Er kann zu einer schleierartigen, opalisierenden Trübung führen. Gelegentlich neigen die Weine zu einer dickeren, öligen Konsistenz (→ Zähwerden, S. 126). Analytisch ist eine Abnahme der Gesamtsäure festzustellen.

Während eines erwünschten, kontrollierten Säureabbaus nach Gärende kann es ebenfalls zum Auftreten dieser Aromen kommen. Diese werden aber im weiteren Verlauf von der noch vorhandenen Gärhefe weitgehend abgebaut. Ein Abbruch des biologischen Säureabbaus durch Schwefelung oder Filtration wäre fatal.

- Opalisierende Trübung, teils zähe Konsistenz, erhöhter Kohlensäuregehalt
- Buttrig, käsig, schweißig
- Sauerkrautlake, Molke, saure Milch, Joghurt
- Herstellung des Standard:
  - 6 – 7 ml Milch auf Grundwein geben
  - 2 – 5 ml Sauerkrautkonservenlake zum Grundwein geben
  - Kleines Stück Butter in Grundwein einlegen

Ursache

Fäulnisbelasteten Trauben, hohen Lese-/Verarbeitungstemperaturen und lange Standzeiten sind Ursachen für die Entstehung dieser Krankheit.

Auslöser sind Milchsäurebakterien (MSB), die Äpfelsäure abbauen. Während der Umwandlung der Äpfelsäure in Milchsäure wird Diacetyl gebildet, das hauptsächlich für die käsig-buttrigen Fehlnoten verantwortlich ist. Heterofermentativen MSB (*Oenococcus Oeni*), welche die Grundlage für Impfkulturen sind, bilden im Gegensatz zu den homofermentativen MSB, wie Kokken und Lactobacillen, nur geringe Diacetylmengen.

Verletzte oder fäulnisbefallene Trauben stellen hier eine große Infektionsgefahr dar. Aber auch auf gesunden Trauben können sich MSB als Teil der Traubenflora festsetzen.

Vor allem bei langsamen Vergärungen mit einer geringen Hefedynamik kann parallel ein schleichender, unbemerkter Abbau der Äpfelsäure stattfinden, der sich durch die optimalen Bedingungen in der Endvergärung oder nach Gärende (Gärwärme, kein Schwefeldioxid, Hefe fällt als Konkurrent aus) verstärkt. Dieser Vorgang schließt sich nahtlos an die Gärung an und wird oftmals als langsame Endvergärung missgedeutet. MSB verarbeiten Zucker zu Essigsäure. Bei Zuckergehalten von mehr als 4 g/l droht deshalb ein Essigsäure- (→ S. 89) oder auch Mannit-Stich (→ S. 105).

Korrektur

Hefen sind in der Lage, das sensorisch negative Diacetyl – Hauptverursacher für die negativen Auffälligkeiten – zum attraktiveren Butandiol zu reduzieren. Deshalb ist der intensive Kontakt mit einer Gärhefe (Aufrühren des Hefedepots) oder eine Hefeschönung mit frischer, aktiver Hefe das beste Mittel, um die sensorischen Auswirkungen zu beheben oder zumindest zu verringern. Da Schwefelgaben die positive Entwicklung behindern, zögern Sie die Erstschwefelung so weit wie möglich hinaus.

Vor einem Verschnitt muss der Wein steril filtriert werden, um eine Infektion des Verschnittpartners mit Milchsäurebakterien zu vermeiden.

Vorbeugung

Es handelt sich um eine Infektion mit Mikroorganismen. Besonders gefährdet sind Weine mit niedriger Gesamtsäure, hohem pH-Wert (> 3,4), niedrigen Gehalten an freier schwefliger Säure oder Lagerung bei höheren Temperaturen.

- getrennte Verarbeitung oder das Verwerfen von krankem Lesegut (Das fäulnisbelastetes Lesegut ist in Folge von Sekundärinfektionen meist bakteriell stark belastet)
- rasche Maische/Mostverarbeitung (lässt den Bakterien weniger Zeit zu ihrer Vermehrung)
  Most/Maischeschwefelung mit 6–10 g/hl Kaliumdisulfit (KDS) hemmt zusätzlich die mikrobiologische Entwicklung
- rasche, scharfe Vorklärung
- Einsatz von Reinzuchthefen mit erhöhter Einsatzmenge (30–50 g/hl)
- kühle nicht schleppende Vergärung mit gärstarken Hefen
- nach Gärende schnelle Abkühlung auf unter 16 °C
- bei erwünschtem biologischen Säureabbau: Einsatz von Starterkulturen
- ständige Beobachtung (Kohlensäurebildung, Säureabnahme, Sensorik)
- frühzeitiger erster Abstich
- zügiges Einstellen eines stabilen Gehaltes an freier schwefliger Säure (35–45 mg/l)
- allgemeine Kellerhygiene beachten
- notfalls Zwangsklärung mit entkeimender Filtration vornehmen, kühle Lagerung

Achtung: Um Überraschungen nach der Füllung zu verhindern, muss ein gewünschter Säureabbau vollständig erfolgen. Bereits 0,2 g/l verbliebene Äpfelsäure können zu einem weiteren Abbau auf der Flasche führen.

Nachgärung, Hefetrübung (Krankheit)

Sensorik

Zuerst fällt die Kohlendioxidbildung und Eintrübung auf. Bei Füllungen kann es durch den gesteigerten Innendruck zum Herausdrücken von Korken bzw. zum Platzen der Flaschen kommen. In der Flasche bildet

Sensorische und analytische Auswirkungen von Hefe- bzw. Bakterienaktivität im Wein		
	Hefeaktivität	Bakterienaktivität
sensorisch	mostig, oxidativ, an gebräunten Apfelschnitz erinnernd, kohlensäurescharf, starke CO_2-Entbindung/Schäumen nach Öffnen der Flasche, gelblich-weiße Trübung, kompaktes Trublager in der Flasche	opalisierende Trübung und zähe Konsistenz möglich, buttrig, käsig, schweißig, an Sauerkrautlake, Molke, saure Milch oder Joghurt erinnernd; Bildung von Essigsäure (s. Essigstich) durch Umwandlung von Restsüße
	• Standards: 0,1 bis 0,2 ml Acetaldehyd auf 100 ml Grundwein; 20 ml Sherry auf 100 ml Grundwein	• Standards: 6 bis 7 ml Milch auf Grundwein; 2 bis 5 ml Sauerkrautkoservenlake auf Grundwein; Stück Butter in Grundwein einlegen
analytisch	Restzuckerabnahme freie SO_2-Abnahme	eventuell Restzuckerabnahme Gesamtsäureabnahme

sich meist ein relativ kompaktes Hefetrublager, sensorisch fällt eine mostige Note auf.

- Eintrübung, Hefetrublager
- mostig

Analytisch ist eine Nachgärung durch die rasche Abnahme der freien schwefligen Säure erkennbar. Das sich bildende Acetaldehyd bindet hier die freie schweflige Säure an sich.

Vorsicht: Eintrübung und Kohlensäurebildung können auch für eine Milchsäuretätigkeit (→ S. 107) sprechen.

Ursache

Neben Hefen, die noch aus der Vergärung stammen, können auch Infektionen in allen Bereichen der Kellerwirtschaft Auslöser für eine unerwünschte Hefeaktivität sein.

Korrektur

Ob im Tanklager oder auf der Flasche: Nachgärungen können nur mit einer Zwangsfiltration und der Aufschwefelung des befallenen Weines gestoppt werden. Wichtig ist die gewissenhafte sensorische Kontrolle des Weines, um negative Veränderungen zu erkennen und zielgerichtet behandeln zu können. Handelt es sich um eine saubere, reintönige, weit fortgeschrittene Nachgärung im Tanklager, bei der relativ viel Zucker verarbeitet wurde (z. B. erneute Gärung nach bewusstem Gärstopp), sollte eine Unterbindung des Nachgärvorgangs unterbleiben, um den Abbau des gebildeten Acetaldehyds nicht zu verhindern. In einem solchen Fall empfiehlt es sich den Wein durchgären zu lassen.

Vorbeugung

Als prophylaktische Maßnahmen sind aufzuzählen:

- allgemeine Hygiene nach gut fachlicher Praxis mindert den Befallsdruck durch wilde Hefen und vermindert die Infektionsgefahr durch Gerätschaften
- sterile Einlagerung und frühe Füllung restsüßer Weine
- zuverlässige Sterilfiltration und sterile Abfüllung der Weine
- Einhalten eines stabilen Gehaltes an freier schwefliger Säure von 40–50 mg/l

Oxidation, Luft-Ton, Brauner Bruch (Fehler)

Sensorik

Eine Oxidation, also die Reaktion von Weininhaltstoffen mit Sauerstoff, macht sich zunächst in Geruch und Geschmack bemerkbar. Hier werden Aromen wie überreife oder verkochte Äpfel, sherryartig, mostig, an gebräunten Apfelschnitz erinnernd genannt.

Durch die Verbindung zwischen Sauerstoff und Aromastoffen (Terpenen) neigen solche fehlerhaften Weine auch zu einem flachen, faden und ausdruckslosen Auftreten.

Weißweine verfärben sich von Hellgelb/Grün über ein dunkles Goldgelb bis hin zu leichten Brauntönen. Rotweine verlieren ihre bläulichrote Farbe und bilden ebenfalls bräunliche Reflexe aus. Die farbliche Veränderung bei Weiß- und Rotweinen tritt nicht zwangsläufig auf oder auch erst zu einem wesentlich späteren Zeitpunkt.

- Weißweine: dunkles Goldgelb/Brauntöne; Rotweine: bräunliche Reflexe
- sherryartig, mostig
- überreifer oder verkochter Apfel, gebräunter Apfelschnitz
- Herstellung des Standard:
  - Einen Apfelschnitz liegen lassen, bis er braun gefärbt ist
  - 0,1 – 0,2 ml Acetaldehyd auf 100 ml Grundwein geben
  - Wein mehrere Tage in geruchsneutraler Umgebung im Glas stehen lassen, Veränderungen mit frischem Wein vergleichen

Ursache

Luftsauerstoff reagiert mit den im Most enthaltenen Gerbstoffen, bei Wein noch dazu mit weiteren Inhaltsstoffen wie Alkohol oder den Aromastoffen.

Während die gemäßigte Oxidation von Weißweinmost aus gesundem Lesegut noch als positiv angesehen werden kann, ist die Sauerstoffreaktion bei fäulnisbelasteten Mosten problematisch.

Oxidationen treten immer dann auf wenn ungenügende Gehalte an freier schwefliger Säure vorliegen und Luft über einen längeren Zeitraum auf den Most/Wein einwirken kann. Vor allem das Enzym Lac-

Typische bräunliche Verfärbung bei Oxidationsvorgängen

chase des Botrytispilzes, beschleunigt diese Oxidationsvorgänge, führt zu Bräunungsreaktionen und ist die Ursache für Farbverluste und Braunfärbung bei Rotweinen aus fäulnisbelasteten Trauben.

Weitere Fehlerquellen sind aber auch Analysefehler bei der Bestimmung der freien schwefligen Säure und die daraus resultierend zu geringen Korrekturen oder die Analyse der freien schwefligen Säure ohne Berücksichtigung der Reduktone (Ascorbinsäure und Gerbstoffe). Eine Zugabe von 30 mg/l Ascorbinsäure erhöht scheinbar die freie schweflige Säure um etwa 10 mg/l. Der Einsatz von 150 mg/l (15 g/hl) Ascorbinsäure bedeutet z. B. die Vortäuschung von ca. 50 mg/l freier schwefliger Säure! Während des Weinausbaus kommt es zu einer nicht einschätzbaren Abnahme der zugegebenen Ascorbinsäure, weshalb eine zuverlässige Aussage über den Gehalt der Ascorbinsäure und damit der vorgetäuschten freien schwefligen Säure zu einem bestimmen Zeitpunkt nicht möglich ist.

Ähnliches trifft auch für die Gerbstoffe des Rotweins zu. Durch Reifungs- und Oxidationsvorgänge während des Ausbaus nimmt ihr Gehalt und damit auch ihre Rolle als Redukton ab.

Beispiel:

freie schweflige Säure	50 mg/l
enthaltene Reduktone (Ascorbinsäure oder Gerbstoffe)	22 mg/l
„echte" freie schweflige Säure	**28 mg/l**

- Die analytische Bestimmung der freien schwefligen Säure und der Reduktone lässt sich nicht ersetzen. Frühestens vier bis fünf Tage nach einer Schwefelgabe stellt sich ein neues, stabiles Gleichgewicht zwischen freier und gebundener schwefliger Säure ein. Eine erneute analytische Bestimmung als Grundlage für weitere Korrekturen macht erst zu diesem Zeitpunkt Sinn.
- Bei Rotweinen können die Gerbstoffe mehr als 20 mg/l an freier schwefliger Säure „vortäuschen".

„Reduktone":
Stoffe, die bei der Bestimmung der freien schwefligen Säure mitgemessen werden und damit einen höheren Gehalt vortäuschen; neben der Ascorbinsäure sind auch die Gerbstoffe der Rotweine zu nennen.

- Wein kann bis zu seiner Sättigung ca. 8 mg/l Sauerstoff aufnehmen. Ein Milligramm Sauerstoff oxidiert ca. 4 mg freie schweflige Säure zum chemisch neutralen Sulfat. Ein mit Sauerstoff angereicherter Wein (Anbruchlagerung im Füllgebinde, Rühren des Füllverschnittes, Filtration etc.) kann daher bis zu 32 mg/l freie schweflige Säure (max. 8 mg/l Sauerstoffaufnahme × 4 mg Schwefeldioxid-Oxidation = 32 mg/l) nach der Füllung verlieren.

Korrektur

Eine Oxidationsnote lässt sich nur recht ungenügend korrigieren. Die notwendige Aufschwefelung des Weines bringt eine gewisse Farbaufhellung mit sich und bindet den sensorisch auffälligen Acetaldehyd. Die durch die Oxidation zerstörten wertgebenden Aromen lassen sich aber nicht wiedergewinnen. Die Weine bleiben meist fade, matt und unattraktiv.

Eine Hefeschönung kann hier durch ihre reduzierende Wirkung zur Verbesserung beitragen. Der Einsatz von PVPP oder Kohle hat ebenfalls einen aufhellenden Effekt, eine sensorische Korrektur gelingt jedoch nur unvollständig.

Vorbeugung

- schonende Verarbeitung der Maische ohne mechanische Belastung (→ bitter, S. 79), erspart dem späteren Wein Gerbstoffe, die sonst als Bindungspartner für die Oxidation dienen können.
- Bei einem reduktiven Ausbaustil der Weißweinen darf ein Wert von 40–45 mg/l freier schwefliger Säure nicht unterschritten werden (Ausnahmen sind Weine mit langem Hefekontakt wie beim Sur Lie- oder Barrique-Ausbau).
- Rotweine können je nach Gerbstoffstruktur erst mehrere Wochen bis Monate nach Gärende ihre Erstschwefelung erhalten. Aber spätes-

tens zur Füllung sollte ~~muss~~ ein stabiler Mindestgehalt an 40 mg/l freier schwefliger Säure (ohne Reduktone) vorliegen.
- Beim Einsatz von Ascorbinsäure auf den Gehalt an freier schwefliger Säure achten (mind. 45 mg/l) und den Eintrag von Sauerstoff vermeiden (Anbruchgebinde vermeiden oder Überschichtung). Sauerstoff reagiert mit Ascorbinsäure und führt zu ihrem Abbau.
- Obligatorisches Spundvollhalten der Lagergebinde.
- Anbruchgebinde können auch mit Inertgas (Kohlensäure, Stickstoff oder Mischgas) überschichtet werden. Da der Luftsauerstoff aber nicht gänzlich ausgeschlossen werden kann und es zu Aromaverlusten in den Kopfraum kommt, stellt dies nur eine Übergangslösung dar (→ Vorversuche und Tipps, S. 70).
- Frühzeitige Bestimmung der momentanen freien schwefligen Säure (vier Wochen vor Fülltermin) lässt ausreichend Zeit, um Korrekturen durchzuführen und einen stabilen Wert zu erreichen.

Papier-Note, Karton-Note (Fehler)

Sensorik

Staubiger, trockener Geruch nach Papier oder Karton; erinnert an Filterschichten.

- staubig, trockener Geruch
- nasser Karton, Papier
- trockenbelegender Eindruck im Gaumen
- Herstellung des Standard:
  - ein 20 x 20 mm großes Kartonstück 12 Stunden in einen Grundwein einlegen
  - ein 20 x 20 mm großes Schichtenstück 12 Stunden in einen Grundwein einlegen

Ursache

Es handelt sich hierbei um einen von außen aufgenommenen Fremdgeruch. Ursachen können unzureichend gewässerte Filterschichten, Kieselgur oder Zellulose sein.

Eine weitere Fehlerquelle liegt bei unzureichend vinifizierten (mit Wein vorgespülten) Gläsern, Karaffen o. Ä., die den staubigen Geruch ihrer Umgebung angenommen haben, wenn sie zum Beispiel in einem staubigen Schrank gelagert wurden.

Korrektur

Option ist eine Behandlung mit geringen Aktivkohlemengen (2–5 g/hl nach Vorversuch) oder der Verschnitt mit einem unauffälligen Wein.

Vorbeugung
Die Prophylaxe beruht auf einer sorgfältigen Wässerung des Schichtenfilters oder der kritischen sensorischen Prüfung von Filterhilfsmitteln wie Kieselgur und Zellulose. Aufschluss über die sensorische Unbedenklichkeit gibt die geruchliche und geschmackliche Überprüfung einer in Wasser eingeweichte Probe.

Schimmel-Note, unsauber, muffig, dumpf, pilzig (Fehler)

Sensorik
Visuell kann sich ein mit diesem Fehler behafteter Wein hochfarbig mit tief gelben bis leicht bräunlichen Farbreflexen darstellen. Der Geruch erinnert an Schimmel und vermoderndes organisches Material oder wirkt scharf und stechend. Auf der Zunge kommen zu diesen sensorischen Wahrnehmungen meist noch bittere und schale Eindrücke hinzu.

- hochfarbig, gelb bis leicht bräunliche Farbreflexe
- modrig, muffig, dumpf
- scharf, stechend, bitter, schal
- Schimmel, vermodertes organisches Material
- Herstellung des Standard: 2 ml Champignon-Dosenlake in 100 ml Grundwein geben

Ursache
Schuld ist meist der direkte Befall der Trauben mit Schadpilzen wie Penicillium, Aspergilllus (Weiß- und Grünfäule), Trichotetium oder Alternaria.

Neben Verletzungen der Beerenhäute kommt es vor allem bei kompaktbeerigen Rebsorten oder dichten, schlecht durchlüfteten Rebanlagen zur Infektion mit diesen Schadauslösern.

Folgeinfektionen mit Hefen und Milch-/Essigsäurebakterien tragen meist zu der negativen Sensorik bei.

Seltener, aber denkbar ist auch ein Einfluss über die Umwelt: Komposthaufen neben der Rebanlage, Abluft aus Industrieanlagen o. ä., unsaubere Gerätschaften, belastete Kelleratmosphäre (→ Umwelt-Note, S. 121) oder ein unerkannter, schwacher Korkton (→ S. 99).

Bei Pilzbefall der Trauben oder bei Umwelteinflüssen im Weinberg trägt eine mangelhafte Vorklärung noch zur Fehlerausbildung bei, da geschmacklich negative Trubteilchen oder Pilzreste im Most verbleiben und ihr Aroma während der Gärung an den Wein abgeben.

Korrektur
Die effektivste Maßnahme zur Behebung dieses Fehlers ist eine Aktivkohlegabe. Die Kohleschönung stellt im Weinstadium einen massiv strapazierenden Eingriff in das Weingefüge dar (unbedingt Vorversuch

Diagramm nach QDA-Analyse zweier Silvaner-Weine
Wein A (orange): positive Vorlese
Wein B (weinrot): negative Vorlese

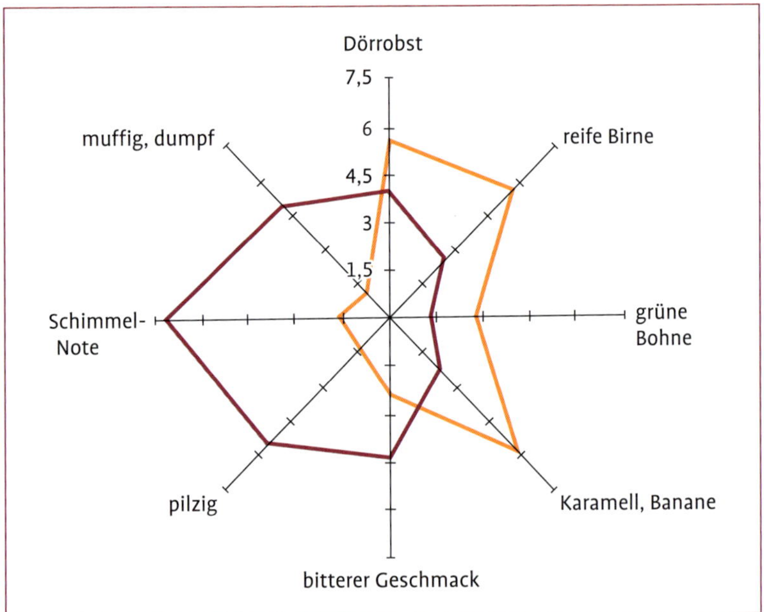

durchführen). Bei leichteren Fällen kann deshalb auch ein Verschnitt von Vorteil sein. Weiter kann auch eine Trockeneisbehandlung (XE Trockeneis) helfen.

Eine weitere Möglichkeit steckt in der Kombination: ein verringerter Kohleeinsatz, um den groben Fehler zu entfernen, und eine schonende Trockeneisbehandlung oder ein Verschnitt mit einem geeigneten aromatischen Partner, der die leichten Defizite des geschönten Weines auffangen kann.

Auch eine leichte Kupfersulfatbehandlung (gesetzlicher Grenzwert 1,0 g/hl) mit 0,1–0,3 g/hl kann bei solchen Fehltönen positive Wirkung zeigen (Vorversuch durchführen).

Eine eventuelle Hochfarbigkeit und auch leichte Bitternoten lassen sich meist über PVPP- oder Kasein-Produkte korrigieren.

Vorbeugung
Liegt ein Befall des Traubenmaterials vor, so ist das Verwerfen der kranken Trauben die beste Lösung. Sollen die belasteten Trauben verarbeitet werden, empfehlen sich die getrennte Verarbeitung und der eigenständige Weinausbau.

Für eine solche Teilpartie mit hoher Fäulnisbelastung gilt dann:

- Maische/Mostschwefelung mit 6–10 g/hl Kaliumdisulfit
- schnelle Verarbeitung
- keine mechanische Belastung zur Vermeidung von Feintrub (evtl. Ganztraubenpressung)

- hohe Aktivkohlegaben bis an den gesetzlichen Grenzwert von 100 g/hl
- möglichst scharfe Vorklärung zur Abtrennung der Kohle und des organischen Materials
- Zusatz von Hefe-Nährsalzen und Vitamin B-Produkten
- zügige, saubere Vergärung mit hohen Hefe-Einsatzmengen
- ein früher erster Abstich mit erster Schwefelung nach vier bis fünf Tagen
- die Überwachung der freien schwefligen Säure, die wegen der gebildeten Gärungsnebenprodukte länger zur Stabilisierung braucht und zu höheren Gesamtschwefel-Werten führt.

Anmerkung: Ob der Ausbau solcher Weine noch zeitgemäß und sinnvoll ist, muss im Einzelfall entschieden werden.

Schwarzer Bruch (Fehler)

→ Eisentrübung, S. 86

Schwefelfresser, schlecht einstellbarer Gehalt an freier schwefliger Säure oder dessen rasche Abnahme (Fehler)

Sensorik

Diese Fehlentwicklung ist sensorisch, vor allem zu Beginn, nicht immer erkennbar. Wenn sich der Mangel an ausreichender freier, schwefliger Säure bemerkbar macht, treten mostige, oxidative Noten auf, die an überreife oder gekochte Äpfel oder Birnen erinnern. Dazu kann es, vor allem bei längerem Mangel an freier schwefliger Säure, zu einer Farbintensivierung bis hin zur Braunfärbung kommen (→ Oxidation, S. 111).

- Weißweine: dunkles Goldgelb bis Brauntöne; Rotweine: bräunliche Reflexe
- flacher, ausdrucksarmer Wein
- überreifer oder verkochter Apfel, gebräunter Apfelschnitz
- später sherryartig
- Herstellung des Standard:
  - Apfelschnitz liegen lassen, bis er sich braun färbt
  - 0,1 – 0,2 ml Acetaldehyd auf 100 ml Grundwein geben
  - Wein mehrere Tage in geruchsneutraler Umgebung im Glas stehen lassen, die Veränderung mit einem frischen Wein vergleichen

Analytik: instabiler Gehalt an freier schwefliger Säure, nach Schwefelung rasch abnehmend.

Ursache
Die Ursachen für einen höheren Bedarf an schwefliger Säure sind mannigfaltig:

- Findet bei restsüßen Weinen eine Nachgärung statt, bildet sich als Vorstufe des Alkohols Acetaldehyd, welches von freier schwefliger Säure gebunden wird (→ Nachgärung, S. 109).
- Fäulnisbelastete Trauben und/oder eine unsaubere Gärung führen zu höheren Gehalten an Gärungsnebenprodukten, die als Bindungspartner für die schweflige Säure fungieren. Der Zusatz von Vitamin-B-Produkten (Thiaminium-Dichlorhydrat; gesetzlicher Höchstwert 0,06 g/hl) als einzelnes Behandlungsmittel oder in Kombinationspräparaten führt zu geringeren Gehalten an Gärungsnebenprodukten.
- Nach der ersten Schwefelgabe muss der entstandene Gehalt der freien schwefligen Säure kontrolliert werden. Der ideale Zeitpunkt dafür ist vier bis fünf Tage nach der Erstschwefelung, wenn sich ein stabiler Wert eingestellt hat.
- Der Ascorbinsäurezusatz führt über Oxidationsvorgänge zu einer Abnahme der freien schwefligen Säure. Dieser Effekt verstärkt sich bei jedem weiteren Sauerstoffeintrag in den Wein. Deshalb sind ein stabiler Gehalt an freier schwefliger Säure von 45–50 mg/l und der Ausschluss von Sauerstoff (Gebinde spundvoll halten, Umpumpvorgänge minimieren) bei einem Ascorbinsäurezusatz äußerst wichtig.

Korrektur
Etwa vier bis fünf Tage nach einer Schwefeldioxid-Gabe sind die Reaktionen der schwefligen Säure mit weineigenen Bindungspartnern soweit abgeschlossen, dass sich ein neuer, hinlänglich stabiler Wert an freier schwefliger Säure einstellt. Erst jetzt macht es Sinn eine Überprüfung dieses Wertes und eine eventuelle Nachschwefelung durchzuführen.

Orientierungswerte für freie schweflige Säure

Weißwein		Rotwein	
Feinhefelager	35–40 mg/l	biolog. Säureabbau	0 mg/l
Lagerung ohne Ascorbinsäureeinsatz	40–45 mg/l	Feinhefelager	30–35 mg/l
mit Ascorbinsäureeinsatz	45–50 mg/l	Lagerung	35–45 mg/l
geschädigte Trauben	40–50 mg/l	Füllung	40–45 mg/l
Füllung	45–55 ml/g		

Die Ascorbinsäure und die Gerbstoffe des Rotweins täuschen als Reduktone freie schweflige Säure in der Analyse vor. Die angeführten Richtwerte gelten unter Abzug dieser Reduktone.

Die Korrekturen müssen solange erfolgen, bis ein stabiler, ausreichend hoher Gehalt an freier schwefliger Säure erreicht ist.

Auf den sich zwangsläufig erhöhenden Gesamtgehalt an Schwefel darf hier keine Rücksicht genommen werden. Der notwendige Schutz des Weines vor Oxidation oder mikrobiologischer Instabilität hat absoluten Vorrang.

Vorbeugung
Als Prophylaxe gegen diese Fehlentwicklung gelten in erster Linie die exakte Probenentnahme, die gewissenhafte Analytik und die genaue Durchführung der Schwefeldioxid-Gaben. Die eigentliche Vorbeugung besteht aber darin, die Entstehung von Weinen zu verhindern, die einen überhöhten Schwefeldioxid-Bedarf aufweisen (→ Ursache).

Sorbinsäure (Fehler)

Sensorik
Erkennbar ist diese Fehlentwicklung durch ein Geruchs- und Geschmacksbild, das von blütenartig, über muffig-dumpf bis zu ranzigem Frittierfett reicht.

- blütenartig
- muffig-dumpf
- ranziges Frittierfett

Ursache
Der Fehler entsteht durch die Autooxidation der Sorbinsäure (gesetzliche Höchstmenge 20 g/hl als Sorbinsäure, 27 g/hl als Kaliumsorbat). Hohe pH-Werte, Lichteinfluss und niedrige Gehalten an freier schwefliger Säure (deshalb mind. 45 mg/l freie schweflige Säure bei der Füllung) beschleunigen diesen Vorgang (→ Geranien-Ton, S. 92).

Korrektur
Da der Fehler meist erst auf der Flasche auftritt (Sorbinsäurezugabe in der Regel bei der Füllung), gestaltet sich eine Abhilfe sehr arbeitsintensiv. Zudem sind die Korrekturerfolge gering. Inwieweit Maßnahmen mit Aktivkohle oder auch ein Verschnitt Abhilfe schaffen, gilt es im Einzelfall festzustellen.

Schwefeldioxid-Stich (Fehler)

Sensorik
Scharf, stechend, schweflig sind die meistens geäußerten Attribute für solche Weine. Die Schwefel-Note kann auch im Gaumen und den oberen Atemwegen wahrgenommen werden.

Ascorbinsäure im Wein verstärkt durch die gesteigerte Reduktivität den Effekt.

Eine blasse, helle Durchfärbung ist möglich (→ hellfarben, S. 93).

- evtl. blasse, helle Färbung
- scharf, stechend, schwefelig
- Herstellung des Standard:
  - Rauch eines entzündeten Streichholzes
  - 2 g Kaliumdisulfit auf 100 ml Wasser; 10 ml der Lösung in 1 Liter Grundwein entspricht 100 mg/l Schwefeldioxid-Zugabe

Ursache

Ursache sind zu hohe Gaben an schwefliger Säure. Fehlerquellen können hier sein:

- falsche Probenentnahme; als Bemessungsgrundlage muss eine Durchschnittsprobe herangezogen werden, d. h. Probenentnahme aus der Mitte des aufgerührten Gebindes
- Analysenfehler bei der Bestimmung der freien schwefligen Säure
- Fehler bei der Handhabung, dem Abwiegen des Schwefelpulvers/ Kaliumdisulfits oder Abmessen der Schwefeldioxid-Menge
- fehlerhafte Verteilung nach der Aufschwefelung eines Füllverschnittes; sie führt zu uneinheitlichen Gehalten in den Flaschen einer Füllung (das Weinrecht schreibt die gleichartige Füllung einer ganzen Partie vor).

Vor der Abfüllung müssen Weine durch die sorgfältige Überprüfung und gegebenenfalls Korrektur der freien schwefligen Säure auf einen Wert von 40–50m g/l eingestellt werden.

Korrektur

Zur Verringerung überhöhter Werte an freier schwefliger Säure steht neben dem Verschnitt (Verschnittregelungen beachten) nur eine bewusste Oxidation zur Verfügung. Das absichtliche Belüften des Weines (zeitweise in Anbruch legen) führt zu einer Abnahme des Gehaltes (1 mg Sauerstoff oxidiert ca. 4 mg freie schweflige Säure), birgt aber auch die Gefahr des Aromaverlustes mit sich. Dieser bewusste Sauerstoffeintrag muss sehr behutsam erfolgen, um mögliche negative Auswirkungen auf die Weinqualität zu vermeiden oder zumindest gering zu halten.

Vorbeugung

Die Prophylaxe besteht hier im sorgfältigen Umgang mit der Schwefelung von Weinen.

Styrol-Note (Fehler)

Sensorik

Der Wein erinnert in Geruch und Geschmack an Kunststoff, Weichmacher, Lösungsmitteln oder Kunstharz.

- Kunststoff, Weichmacher, Kunstharz
- Lösungsmittel

Ursache

Das Material glasfaserverstärkter Kunststoff (GFK) besteht aus mit Polyesterverbindungen getränkter Glasfaser.

Sogenannte Styrole als Lösungsmittel verbinden die Polyestermoleküle zu langen Verbindungen und machen erst die vielseitige Verwendung dieses Materials möglich.

Fehlerquellen entstehen bei der Herstellung oder bei späteren Reparaturen, wenn die vorgegebenen Zeiten für die Aushärtungsreaktionen nicht eingehalten werden.

Hauptgrund für Kontaminationen sind aber beschädigte Innenbeschichtungen der Tankwände. Hier kommt es zum direkten Kontakt zwischen Wein und dem GFK-Material.

Alterungserscheinungen der Beschichtung oder auch deren mechanische Verletzungen (z. B. durch harte Stöße, Hochdruckreiniger) führen zum Verlust der Schutzwirkung.

Korrektur

Die Behebung gestaltet sich schwierig. Hohe Kohlegaben, können zu einer Besserungen führen.

Über die Selbstständigkeit eines Weines nach einer drastischen Kohlebehandlung muss die Sensorik entscheiden.

Vorbeugung

Kontrollieren Sie vor jeder neuen Befüllung den Tank auf Beschädigungen der Lackschicht. Tanks mit großflächigen Verfärbungen sollten Sie aussortieren. Die beste vorbeugende Maßnahme ist die Vermeidung zu hoher mechanischer Belastungen der Tankinnenflächen. In der modernen Kellerwirtschaft sind GfK-Tanks ein Auslaufmodell und kommen zum Weinausbau nur noch selten zum Einsatz.

Umwelt-Note (Fehler)

Sensorik

Es handelt sich um einen Sammelbegriff für ganz verschiedene negativen Geruchs- und Geschmacksentwicklungen im Wein, die durch Umwelteinflüsse bedingt sind. Die sensorischen Auswirkungen sind so breit gefächert wie die beeinflussenden Faktoren.

- muffig, pilzig, schimmlig
- strohig, rauchig, malzig, ölig
- Waldboden, Schimmel, Faul-Note
- Herstellung des Standard:
  - Einen Tropfen Teer über Nacht in 100 ml Wein extrahieren
  - 2 ml Champignon-Dosenlake in 100 ml Grundwein geben

Ursache

Wein ist ein aromatisch empfindliches Produkt, das durch Fremdgerüche rasch beeinflusst wird. Diese Beeinflussung beginnt aber nicht erst im Weinstadium, sondern bereits im Weinberg durch die Anlagerung von Molekülen an der Wachsschicht der Beerenhaut. Abgase, faulende Stroheinlage, Kläranlagen, Wildverbissmittel etc. – alle mit der Nase wahrnehmbaren Gerüche im Weinberg – können sich bei längerem Einwirken auf die Beerenhaut übertragen. Im Keller können dann ein muffiges Klima, ungepflegte Gebinde und Gerätschaften oder die Nachbarschaft von Lagerräume für Heizöl, Chemikalien, Dünge- und Reinigungsmittel die Ursache sein. Die Aufbewahrung von kellerwirtschaftlichem Gerät in solchen belasteten Bereichen kann zu einer Übertragung auf den Wein führen. Die Lagerung von Weinbehandlungsmitteln wie Bentonit, Aktivkohle, Gelatine aber auch Filterschichten, Perlite, Kieselgur oder Verschlüssen (auch Schraubverschlüssen nicht nur Korken!) wird zu einer Übertragung führen.

Besonderes Augenmerk gilt hier den Substanzen 2,4,6-Trichloranisol (TCA) und 2,4,6-Tribromanisol. Chlorrückstände im Kellerboden aus (früher verwendeten) Reinigungsmittel und Tribromphenol (als Fungizid und Flammenschutzmittel in Paletten, Kartonagen etc.) werden durch Mikroorganismen zu TCA bzw. TBA umgewandelt. Die Substanzen sind in ihren schwachen Konzentrationen in der Kellerluft nicht wahrnehmbar, reichern sich aber in offenporigen Materialien (Behandlungstoffe, Schläuche, Dichtungen, Verschlüsse, Filterplatten aus Kunststoff usw.) an und führen dann beim Wein zu muffig-dumpfen an Kork (XE Kork-Ton) erinnernden Fehltönen.

Korrektur

Die wirksamste Methode, solche Geschmacks- und Geruchsfehler zu entfernen, stellt der Einsatz von Aktivkohle dar (gesetzlicher Höchstwert 100 g/hl).

Bentonit weist zwar ebenfalls eine, wenn auch vergleichsweise gering adsorbierende Wirkung auf, ist aber keine echte Alternative.

Die Kohleschönung des Mostes vor der Vorklärung (Größenordnung 20–100 g/hl) ist die schonendste Möglichkeit und sollte immer mit einer scharfen Vorklärung kombiniert werden.

Tritt der Fehler nach der Vergärung auf, reicht meist eine Gabe von 3–10 g/hl (nach Vorversuch) zur Behebung des Fehlers aus. Neben der Entfernung oder deutlichen Verringerung des Fehlaromas besteht auch noch die Korrekturmöglichkeit mittels Verschnitt.

Vorbeugung

Eine aufmerksame Beschäftigung mit den eigenen Verhältnissen in Weinbau und Kellerwirtschaft zeigt oft recht schnell die Fehlerquellen auf. Alle Kontakte mit Fremdgerüchen gilt es zu vermeiden – oder besser – deren Ursache zu beseitigen.

Dass dies im Weinbau nicht immer möglich ist, steht außer Frage. Aber in der Kellerwirtschaft hat der Winzer es selbst in der Hand, mit einer entsprechenden Kellerhygiene, mit Lüftungen und räumlicher Trennung solche Fehlerquellen zu vermeiden.

Vor allem angebrochene Packungen von Filterhilfsmitteln und Behandlungsstoffen müssen fest verschlossen in trockener, kühler und geruchsfreier Umgebung gelagert werden. Im Zweifelsfall empfiehlt sich, eine kleine Menge des Behandlungsstoffes in etwas Wasser einzurühren, abzuriechen und zu verkosten. Wenn danach eine Unsicherheit bestehen bleibt, sollten Sie diese nicht mehr verwenden.

Stoffe wie TBA und TCA liegen in der Kellerluft unter der menschlichen Wahrnehmungsschwelle. Im Wein liegen die Geruchsschwellenwerte bei ca. 2 – 5 ng/l und sind analytisch gut nachweisbar. Wenn eine muffig-dumpfe „korkige“ Note im Wein auftritt und das TBA/TCA als Quelle ermittelt wird, hilft nur die planvolle überlegte Suche nach den Fehlerquellen.

Untypische Alterungs-Note (utA), früher Naphatalin-Ton, mediterrane Note (Fehler)

Sensorik

Die sensorischen Umschreibungen der untypischen Alterungs-Note sind sehr vielseitig.

Das eigentliche Weinaroma tritt in den Hintergrund, die nasal wahrgenommenen Reize setzen sich im Gaumen fort und führen zu lang anhaltenden schalen Eindrücken auf der Zunge. Im Abgang kann noch eine unangenehme Bitter-Note auftreten.

Zur besseren Erkennung kann auch das geleerte Weinglas dienen. Erwärmt man dieses noch in der Hand, werden die schwer flüchtigen Aromen der untypischen Alterungs-Note freigesetzt und deutlicher wahrgenommen.

utA-Standards (U. Fischer DLR Neustadt/Weinstraße)	
FRUCHTAUSPRÄGUNG	
Zitrone	0,45 ml Stammlösung in 100 ml Grundwein (2 g Zitronenschale in 100 ml 70%igen Äthanol)
Apfel	1 ml Stammlösung in 100 ml Grundwein (10%iges kommerzielles Apfelaroma)
utA-GERUCH	
Akazienblüte	7,5 µl Stammlösung in 100 ml Grundwein (0,01%ige 2-Aminoacetophenon)
Lawendel	0,5 ml Stammlösung in 100 ml Grundwein (0,1%ig ätherisches Lavendelöl)
Antikwachs	1 ml Stammlösung in 100 ml Grundwein (1 g Antikwachs in 100 ml Äthanol auflösen)
nasser Lappen	2,5 ml Stammlösung Wolle in 100 ml Grundwein (20 g unbehandelte Schafwolle in 100 ml 70%igem Äthanol)
Mottenkugeln	0,5 ml Stammlösung in 100 ml Grundwein (0,01%ige Indol-Lösung in 10%igem Äthanol)
utA-GESCHMACK	
bitter	80 µl Stammlösung in 100 ml Grundwein (1,0 g Koffein in 100 ml warmem Wasser auflösen)
adstringieren	250 µl Stammlösung in 100 ml Grundwein (10 g Tanninsäure in 96%igem Äthanol anlösen und auf 100 ml auffüllen)

- muffig-dumpf, seifig, schal
- Akazienblüte, Lavendel, Bohnerwachs, Waschmittel
- staubiger Holzschrank, Mottenkugeln, nasse Wolle
- lang anhaltender Eindruck auf der Zunge, bitterer Abgang
- Herstellung des Standard: der kommerziell erhältliche utA-FIX-Test enthält eine Testsubstanz, die zur Schulung der Sinne herangezogen werden kann

Ursache

Als Folge von Stress-Situationen bildet die Rebe die Aminosäure Tryptophan und lagert diese in der Beere ein. Aus dem Tryptophan entsteht dann über mehrere Zwischenschritte das 2-Aminoacetophenon – die Substanz, die hauptsächlich für die Sensorik der utA verantwortlich gemacht wird.

An der Reaktion des Tryptophans zum 2-Aminoacetophenon sind freie Sauerstoffradikale beteiligt, die bei der Schwefelung des Weines entstehen. Die Reaktionsgeschwindigkeit und damit der Zeitpunkt, zu dem die utA-Note sensorisch bemerkbar wird, ist stark von der Lagertemperatur des Weines abhängig. Niedrige Temperaturen verzögern die Entwicklung.

Faktoren/Anzeichen für mögl. utA-Ausbildung:
- Trockenheitsstress durch Wassermangel
- flachgründige Böden mit geringem Wasserhaltevermögen
- Wasser- und Stickstoffkonkurrenz durch zu starke Begrünung
- schlechte Mineralstoff- und Humusversorgung
- kontinuierlich zu hohe Erträge
- frühe Lese
- geschwächte, kranke Reben
- Wachstumsdepression, kränkelnde Anlagen

Korrektur

Eine nachträgliche Korrektur zeigt mit allen derzeit zugelassenen Behandlungsmitteln keine größeren Erfolge. Meist haben solche Maßnahmen eher eine demaskierende Wirkung, bei der es zu Verlusten wertgebender Inhalts- und Aromastoffe kommt, während das zurückbleibende 2-Aminoacetophenon die untypische Alterungs-Note noch deutlicher hervorhebt.

Die besten Ergebnisse bei einer noch schwachen Fehlerausprägung zeigen die Einstellung einer leichten, dienenden Restsüße und/oder ein Verschnitt mit utA-freien, fruchtbetonteren Partnern. Sind die möglichen Verschnittanteile im Vorversuch festgestellt, so besteht trotzdem die Gefahr, dass die dominante utA-Note einige Zeit nach dem Verschnitt erneut auftritt.

Tritt bei bereits abgefüllten Weinen die utA-Note auf, so sollten die Weine möglichst kühl gelagert werden, um die weitere Intensivierung zu verzögern. Die schnelle Vermarktung ist hier von Vorteil.

Vorbeugung

Als Präventivmaßnahme gilt in erster Linie die Einhaltung der weinbaulichen Vorgaben. Eine ausgewogene Stockbelastung, die Vermeidung von Trockenstress und die möglichst späte Lese sind hier die Eckpunkte für die Vermeidung. Besteht ein Verdacht, empfiehlt sich der utA-FIX-Test, um das Gefahrenpotenzial eines Weines abzuschätzen. Ist eine utA-Neigung vorhanden, sind zwei verschiedene Wege möglich:

1. Vorgehensweise wie bei normaler Weinbehandlung, aber bei möglichst tiefen Temperaturen, um die Ausbildung hinauszuzögern; der Zeitgewinn liegt hier bei wenigen Monaten.

2. Zugabe von 15–25 g/hl Ascorbinsäure (gesetzlicher Höchstwert: 25 g/hl) kurz vor der Erstschwefelung. Die Ascorbinsäure verhindert die Reaktion traubeneigener Substanzen mit freien Sauerstoffradikalen, die bei der Erstschwefelung entstehen. Wird diese Reaktion nicht verhindert, führt das zur Ausbildung der untypischen Alterungs-Note. Solange Ascorbinsäure als Reaktionspartner zur Verfügung steht, wird die Bildung der utA weitestgehend aufgehalten.

Beim Einsatz von Ascorbinsäure während des Weinausbaus müssen einige Punkte beachtet werden:

- Ascorbinsäure täuscht als sogenannte Redukton freie schweflige Säure bei deren Bestimmung vor. Bei der Analyse muss das berücksichtigt und der Wert der freien schwefligen Säure ohne Reduktone bestimmt werden.
- Ascorbinsäure verbraucht nach der Zugabe zuerst freie schweflige Säure. Deshalb muss ein stabiler Gehalt von 45 mg/l vorliegen oder durch Nachschwefelung schnell aufgebaut werden, wenn Ascorbinsäure eingesetzt wird.
- Sauerstoffkontakt vermeiden. Er führt zur Oxidation der Ascorbinsäure und schwächt oder verkürzt die vorbeugende Wirkung.
- Jeder Sauerstoffkontakt (auch Umpump- und Filtrationsvorgänge) führt zu Ascorbinsäureverlusten. Um die Schutzwirkung zu erhalten muss deshalb der Gehalt an Ascorbinsäure erhalten bleiben und Verluste durch weitere Gaben ausgeglichen werden.

Zähwerden, Lindwerden (Krankheit)

Sensorik

Die Konsistenz des Weines ändert sich. Er ist zäh und dickflüssig und verursacht im Mundraum ein leicht schleimiges, anhängendes Gefühl. In Extremfällen fließt er sehr langsam und lautlos wie Öl in das Glas. Die Kohlensäure kann nur sehr langsam entweichen.

Bei Weißwein ist oft ein opalisierender, bläulicher Schimmer bemerkbar. Die sensorischen Veränderungen reichen je nach Ursache von flach, müde mit Verlust an Spiel und Komplexität bis zu süßlich-kratzig und essigstichig.

In fortgeschrittenem Stadium lassen sich käsige, schweißige oder an Molke und Sauerkraut erinnernde Noten erkennen

- zäh, dickflüssig; in Extremfällen sogar ölige Konsistenz
- Weißwein: opalisierend bläulicher Schimmer
- flach, müde, süßlich-kratzig, essigstichig
- schleimig-anhängendes Gefühl im Mundraum
- im fortgeschrittenen Stadium: käsig, schweißig, Molke, Sauerkraut

Wein fließt zäh am Glas herab

Ursache

Ursache für diesen Weinfehler ist eine Infektion mit Mikroorganismen, die Äpfelsäure abbauen. Diese Kokken umgeben sich mit einem Schleimmantel aus Polysacchariden (Mehrfachzucker), der für die zähe Konsistenz der befallenen Weine verantwortlich ist. Die Infektion bzw. die Vermehrung der Bakterien können bereits während der Gärung ablaufen. Nach Gärende sind dann die beschriebenen Symptome bemerkbar. In Ausnahmefällen kann die zähe Konsistenz auch durch die Aktivität bestimmter Kahmhefen (→ S. 95) verursacht werden (Würdig, Eder).

Korrektur

Da im fortgeschrittenen Stadium der Krankheit die Diacetylbildung und ein Milchsäurestich (→ S. 107) drohen, muss die Behandlung umgehend erfolgen. Bei der klassischen Methode werden durch eine mechanische Beanspruchung des Weines durch Reißrohr, Kreiselpumpe, früher auch Besen und Ketten die gebildeten langkettigen Verbindungen zertrennt. Nach einigen Tagen erfolgt die Trennung des Weines vom abgesetzten Trub und die sterile Filtration. Zur mikrobiologischen Stabilität tragen die Untersuchung und die Korrektur der freien schwefligen Säure bei. Wird der Fehler gleich nach Gärende festgestellt, empfiehlt sich ein schneller erster Abstich, da sich die auslösenden Mikroorganismen in dem Hefesediment schnell vermehren. Eine Hefeschönung trägt zur sensorischen Korrektur bei und baut mögliche Diacetylgehalte ab.

Vorbeugung
Es handelt sich um eine Infektion mit Mikroorganismen. Daher besteht die Vorbeugung in den obligatorischen Hygienemaßnahmen der Kellerwirtschaft. Besonders gefährdet sind Weine mit niedriger Gesamtsäure, einem hohen pH-Wert (> 3,5), niedrigen Gehalten an freier schwefliger Säure und solche, die bei zu hohen Temperaturen gelagert werden.

- rasche Most/Maischeverarbeitung
- max. 50 mg/l Maische/Most-Schwefelung
- rasche, scharfe Vorklärung
- Einsatz von Reinzuchthefen
- Kühle, nicht schleppende Vergärung
- nach Gärende schnelle Abkühlung auf unter 16 °C
- ständige Beobachtung (Kohlensäure-Bildung und/oder Säureabnahme durch Milchsäure abbauende Bakterien? Veränderte negative Sensorik?)
- frühzeitiger erster Abstich von der Grobhefe
- zügiges Einstellen eines stabilen Gehaltes an freier schwefliger Säure (40–45 mg/l)
- allgemeine Kellerhygiene beachten
- notfalls mit entkeimender Filtration Zwangsklärung vornehmen

HILFREICHE TIPPS

Die Beschreibung von Weinen erfolgt fast ausschließlich hedonistisch, d. h. mit Übertreibungen oder blumigen Worten wie *angenehm körperreich, auf delikate Art kräftig, feinduftend*. In Weinlisten findet man Charakterisierungen wie *pikant, würzig, feines Bukett, klassische Silvanerart*. Attribute, die nur schwer bestimmten Weinen zuzuordnen sind und deren Wertung dem jeweiligen Verkoster überlassen bleibt. Die meisten Weinbücher führen im Kapitel Weinansprache mehr Negativbegriffe auf und selbst das Lexikon des Internationalen Weininstitutes (1963) kennt von ungefähr zweihundert Ausdrücken nur etwa 50 für die Beschreibung guter Weine. Der Tadel ist also redseliger als das Lob.

In Weinzeitungen und Gastronomie-Führern werden noch weitere Begriffe hinzugefügt, doch auch damit wird der Wein meist nicht auf objektive Art beschrieben. Dies ist natürlich nicht nur auf den Mangel an sprachlichen Ausdrucksmöglichkeiten zurückzuführen, sondern beruht auch oft auf der Zurückhaltung, die kultivierte Menschen untereinander ihren Gefühlsregungen und deren Artikulation auferlegen. Die Rücksicht auf andere, die eigene Empfindlichkeit, die Furcht sich durch Unwissenheit bloßzustellen, sind Gründe für diese Zurückhaltung.

„Wenn Du verkostest, achte nicht auf die Flasche, nicht auf das Etikett, nicht auf Deine Umgebung, sondern versenke Dich in Dich selbst und beobachte wie Deine Sinne erwachen.“ (Poupon)

Tipp 1: Befreien Sie sich von störenden Einflüssen

Störende Einflüsse hindern uns daran, Dinge objektiv zu beurteilen. Wissenschaftler sprechen in diesem Zusammenhang von bedingten Reflexen. Ist unsere Urteilskraft durch einen bedingten Reflex beeinflusst, urteilen wir anders, als wenn unsere Wahrnehmung vollkommen frei von äußeren Einflüssen ist. Ein einfaches Beispiel: Wenn ein großer Name auf dem Etikett steht, muss der Wein nicht automatisch „groß“ sein. Doch der durch das Etikett ausgelöste bedingte Reflex verleitet uns unter Umständen zu einem solchen – möglicherweise falschen – Urteil.

Ein weiteres Beispiel: Inmitten einer Menschenmenge, die keine eigene Meinung hat, gibt es immer mindestens einen, der eine Meinung hat und diese auch gerne zum Besten gibt. Und schon sind alle seiner Meinung und damit zufrieden. Diese Einmütigkeit erzeugt beim Einzelnen ein Gefühl von Wohlbehagen und Sicherheit. Einer objektiven Sensorik steht das allerdings im Wege.

Diese Beispiele sind nicht als Aufruf zu grundsätzlicher Opposition zu verstehen. Sie sollen dem Weinfachmann wie auch dem Weingenießer Mut machen sein eigenes Urteil zu fällen.

Ein weiterer Gegenspieler einer möglichst objektiven Beurteilung ist die Macht der Gewohnheit. Wir haben gewisse Vorstellungen von einem Produkt. Ist es anders und ungewohnt, kann es rasch als schlecht verworfen werden. Die derzeit geführte Diskussion um den Einfluss des Terroir ist dafür ein gutes Beispiel. Immer wieder werden herkunftsbedingte Einflüsse eines Weines als negativ bewertet, ohne die spezielle Charakteristik einer Weinlage zu berücksichtigen.

Tipp 2: Öffnen Sie sich dem Reich der Sinne

„Die Sinne trügen nicht, das Urteil trügt." (Goethe)

Dies geht am schnellsten, indem man für Altes und Neues, Vertrautes und Fremdes offen ist und bleibt. Wir müssen jeden Augenblick darauf bedacht sein, unsere Nase auf gleiche Weise einzusetzen, wie unsere Augen und Ohren.

Gehen Sie mit offener Nase durchs Leben. Überall, wo wir gehen und stehen, bietet sich dafür Gelegenheit. Wenn wir ein Haus, einen Keller, ein Geschäft betreten, wenn wir durch einen Garten gehen oder einen Spaziergang machen: Immer sollten wir die Gelegenheit nutzen, die dort vorhandenen Düfte bewusst wahrzunehmen und in unserem Gedächtnis zu speichern. Denn Sensorik ist das geistige Einprägen von Aromen. Geistig deshalb, weil unser Gedächtnis gefragt ist, damit wir zu gegebener Zeit ein Aroma wieder abrufen können.

Viele Aromen in der Natur finden wir auch in unseren Weinen wieder, da diese auf den gleichen chemischen Grundsubstanzen beruhen. Die chemische Verwandtschaft erklärt auch die Tatsache, dass beispielweise die Aromen von weißen und gelben Blumen oder gelben Früchten in den Weißweinen vorherrschen, jene der roten Blumen und Früchte hingegen in den Rotweinen. Der Franzose Michel Serres sieht eine klare Ordnung beim Weinaroma von oben nach unten, von der Luft zum Boden hin. Von leichten Düften aus hoch sitzenden Blüten (Wildrose, Flieder, Jasmin) hin zu den Früchten (Birne, Apfel, Himbeere, Erdbeere) bis zum Boden (Waldmeister, Veilchen) und ins Erdreich (Trüffeln). Also auch hier vom Hellen ins Dunkle, vom Leichten ins Schwere. Diese Erkenntnis ist nicht nur poetisch wahr, sondern auch erklärbar. Je nach Flüchtigkeit, Leichtigkeit oder Konzentration nehmen wir leichte Aromen früher wahr als schwere.

Für die praktischen Zwecke des Genießens ist die Mitteilung von Eindrücken wichtig – aber mit welchen Worten? Suchen Sie in Ihrem Gedächtnis nach ähnlichen, vergleichbaren Eindrücken, die aus einem anderen Zusammenhang kennen und für diese Gelegenheit gespeichert haben.

Tipp 3: Seien Sie mutig

„Der menschliche Genuss ist egalitär und nicht elitär. Er gönnt allen Menschen ihr persönliches Glück." (Unbekannt)

Bei der Beschreibung eines Aromas, kann man sich vollkommen auf die eigene sensorische Wahrnehmung verlassen. Versuchen Sie Ihre Eindrücke mit ihren eigenen Worten zu beschreiben. Aber Vorsicht: Man neigt zu gängigen Vergleichen. Sobald man einen Riesling im Glas hat, spricht man automatisch von Pfirsich, einen Traminer zeichnen Rosen-Noten aus, eine Scheurebe erinnert an schwarze Johannisbeere und ein Müller-Thurgau hat Muskat-Noten.

Dies hat mit objektiver Sensorik natürlich nichts zu tun. Wichtig hierfür sind die Aufgeschlossenheit für die eigene sinnliche Wahrnehmung und der Mut, diese in Worte zu fassen.

SENSORIK-SEMINAR

In unseren Seminaren vermitteln wir theoretisches Wissen und dessen Anwendung. Wir sensibilisieren die Seminarteilnehmer für die allgemeine und spezielle Sensorik. In den Übungen erfahren die Teilnehmer ihre Stärken und Schwächen. Für die erworbenen Kenntnisse haben sie dann viele Einsatzmöglichkeiten, beispielsweise bei einer Experten-Verkostung oder bei einer Weinprobe in lockerer Runde.

Sensorik ist erlernbar. Mit den folgenden Übungen können Sie Ihre Fähigkeiten und Grenzen ausloten und Ihre Sinneswahrnehmung sensibilisieren.

Gerade die erste Übung wird Ihnen verdeutlichen, wie dominant und zielsicher unser Sehsinn arbeitet, während Geruchs- und Geschmackssinn einen leicht im Stich lassen können; besonders dann, wenn es um die sprachliche Formulierung der persönlichen Eindrücke geht. Im Anschluss gibt es Aufgaben für Ihre Reiz- und Erkennungsschwellenwerte. Wie gut ist beispielsweise Ihr geruchliches Erinnerungsvermögen?

Professionelle Sensoriker kombinieren all diese Wahrnehmungsfähigkeiten. Das lernen Sie in den weiteren Übungen. Wir empfehlen Ihnen, sich an die Reihenfolge zu halten, werden Sie Schritt für Schritt Sensoriker!

Hinweis: Bei vielen Übungen finden Sie Tabellen und Grafiken, die Sie als Vorlagen für Arbeitsblätter verwenden können, manche sind beispielhaft ausgefüllt.

Sensorikseminar

SENSORISCHE STANDARDS

Die Verarbeitung von Gerüchen und Geschmackseindrücken findet im ältesten Teil des zentralen Nervensystems (Stammhirn, Limbisches System) statt. Im Gegensatz dazu findet die Wortfindung oder verbale Umschreibung eines Geruchs- und Geschmacksreizes im Sprachzentrum statt. Das Sprachzentrum befindet sich im – aus evolutiver Sicht jüngeren – Großhirn, dem Sitz unseres Bewusstseins und der Rationalität. Diese räumliche und entwicklungsgeschichtliche Trennung der beiden Bereiche führt zu der Problematik, dass es teilweise sehr schwer fällt einen Geruch in Worte zu fassen. Neurologen sprechen hier von der Sprachferne.

Aromenstandards bieten eine Hilfestellung, um diese „Sprachlosigkeit" zu überwinden. Sie geben einem die Möglichkeit ein bestimmtes Aroma konzentriert wahrzunehmen, sich zu schulen und die Benennung dieses Reizes zu verinnerlichen.

Ein weiterer Vorteil von Aromenstandards ist die Schaffung einer Norm, also eines einheitlichen, nachvollziehbaren Niveaus für die Art und Stärke eines sensorischen Reizes. Die sensorischen Auswirkungen von weinbaulichen und kellerwirtschaftlichen Versuchen lassen sich normalerweise nur miteinander oder mit der Null-Variante eines Versuches vergleichen. Erst die Messlatte normierter Standards ermöglicht hier eine Bewertung in Relation zu deren Intensität. Diese Aussagen gehen dann über den einzelnen Versuch hinaus und lassen Vergleiche mit anderen Untersuchungen zu.

Grüner Apfel, Rosine, Karamell – Aromenstandards erleichtern uns die Beschreibung.

HINWEISE ZUR ERSTELLUNG DER REZEPTUREN

Die angegebenen Rezepturen bieten die Möglichkeit, das Aroma relativ konzentriert wahrzunehmen. Ihre Intensität wird immer über denen des Weines liegen.

Grundwein:
Als Grundwein bietet sich ein trockener, nicht zu säurebetonter und selbstverständlich fehlerfreier Wein des aktuellen Jahrgangs an. In der Praxis hat sich ein junger Silvaner Qualitätswein bewährt. Bukettsorten sind aufgrund ihres Eigenaromas ungeeignet.

Aromenstandards dienen der Erkennung und Benennung eines Reizes. Sollen die Aromen in einer weintypischen Stärke vorliegen, muss die Rezeptur abgeschwächt werden.

Durchführung:
Der Grundwein trägt zur Ausprägung des Standards bei. In Abhängigkeit von den sensorischen Eigenschaften des Grundweines kann es deshalb zu einer verstärkten oder abgeschwächten Intensität des gewünschten Aromas oder auch zu einer gänzlich veränderten Aromatik kommen.

Ein weiterer Unsicherheitsfaktor besteht durch die Aroma gebenden Zutaten selbst. Gerade bei Früchten oder Dosenlaken kann die Schwankungsbreite des erzielten Aromas sehr groß sein. Aber auch die Verwendung anderer, als der angegebenen, Säfte kann zu einer unerwünschten Veränderung des Aromastandards führen.

Grundsätzlich empfiehlt es sich, die aufgeführten Rezepturen als Richtwerte anzusehen und nach den sich entwickelnden Erfahrungen weiter vorzugehen.

Überprüfen Sie grundsätzlich jeden Standard ca. eine Stunde nach der Zubereitung und führen Sie falls nötig Korrekturen durch. Teilweise verändern sich Standards bereits nach 24 Stunden erheblich. Setzen Sie diese deshalb immer frisch an.

Präsentation:
Je nach Zweck des Einsatzes können die Aromen in schwarzen oder auch hellen Gläsern präsentiert werden. Selbstverständlich müssen es jedoch für die Weinverkostung geeignete Gläser sein, welche die Aromen bündeln.

Versehen Sie die Gläser mit einem geruchsneutralen Deckel aus Glas oder Kunststoff. Dieser Deckel verhindert die ungewollte Freisetzung von Düften und die damit verbundene Gefahr der Vermischung der einzelnen Aromen. Zudem wird so das Verflüchtigen der Proben stark eingeschränkt.

Kennzeichnen Sie die Gläser, um Verwechslungen zu vermeiden. Werden die Aromen angegeben, kann eine verdeckte Beschriftung einen zusätzlichen Anreiz bieten.

Schwarze Gläser verhindern eine optische Voreinschätzung. Die Wahrnehmung konzentriert sich auf die reine Aromatik.

Wichtig sind Gläser, die auch für den Weingenuss geeignet sind. Kleine Deckel verhindern die Aromendurchmischung.

Welches Aroma?

Auflösung und Bestätigung – oder die Gelegenheit dazuzulernen.

REZEPTUREN

Zusammenfassung bekannter Rezepturen für die Erstellung von Aromenstandards.

Quellen:
Bezirk Unterfranken, Fachberatung für Kellerwirtschaft
Ann Nobel/Univ. of Calif.
U. Fischer DLR Neustadt/Weinstraße

h	=	Stunden	ml	=	Milliliter
min	=	Minuten	mm	=	Milimeter
g	=	Gramm	cm	=	Zentimeter

KATEGORIE	AROMA	REZEPTUR
FRUCHTIG-FRISCH	grüner Apfel	½ Granny Smith kleinschneiden und für 1 h in 100 ml Grundwein einlegen
	Ananas	¼ Baby-Ananas klein schneiden und 2 h in 100 ml Grundwein einlegen; 30 ml Ananassaft zu 70 ml Grundwein
	Aprikose	50 ml Granini-Saft und 50 ml Grundwein
	Cassis	60 ml schwarzer Johannisbeer-Nektar und 40 ml Grundwein
	Eisbonbon	¼ Eisbonbon in 100 ml Grundwein auflösen
	Erdbeere	40 ml Konservenlake und 60 ml Grundwein; Früchte zerquetschen und 2 h in 70 ml Grundwein einlegen und abseien
	Grapefruit	20 ml frischer Saft und 80 ml Grundwein
	Himbeere	30 ml Konservenlake und 70 ml Grundwein; eventuell Früchte zusätzlich 2 h in 70 ml Grundwein einlegen
	künstliche Frucht	5 Gummibärchen zerschneiden, für 2 h in 120 ml Grundwein einlegen
	Orange	50 ml Granini-Saft und 50 ml Grundwein
	Pfirsich	50 ml Granini-Saft und 50 ml Grundwein
	Sauerkirsche	10 ml Konservenlake und 90 ml Grundwein
	tropische Frucht	50 ml tropischen Fruchtsaft und 50 ml Grundwein
	Zitrone	30 ml frischer Saft und 70 ml Grundwein

KATEGORIE	AROMA	REZEPTUR
FRUCHTIG-REIF	reifer Apfel	½ reifer Apfel klein schneiden und für 2 h in 100 ml Grundwein einlegen evtl. zusätzlich 10% klarer Apfelsaft zugeben
	getrocknete Aprikose	100 g getrocknete Aprikosen klein schneiden und für 5 h in 200 ml Grundwein einlegen
	Birne	30 ml Granini-Saft und 70 ml Grundwein
	Dörrobst	100 g getrocknetes Mischobst klein schneiden und für 5 h in 200 ml Grundwein einlegen
	Lychee	3–5 ml Konservenlake und 100 ml Grundwein
	Rosine	80 g Rosinen für 5 h in 200 ml Grundwein einlegen
	Süßkirsche	40 ml Kirschsaft und 60 ml Grundwein
VEGETABIL	Artischocke	2–5 ml Kochwasser und 100 ml Grundwein
	Gras	Einen Büschel frisches Gras für 15 min in 100 ml Grundwein einlegen
	grüne Bohne	6–8 ml Konservenlake und 100 ml Grundwein
	grüne Olive	4–6 ml Konservenlake und 100 ml Grundwein
	grüne Paprika	Ein Stück in Briefmarkengröße für 1 h in 100 ml Grundwein einlegen
	Heu	Eine Handvoll frisches Heu klein schneiden und für 1 h in 100 ml Grundwein einlegen
	schwarze Olive	4–6 ml Konservenlake und 100 ml Grundwein
	Spargel	3–5 ml Konservenlake und 100 ml Grundwein
BLUMIG	Holunder	30 ml Holundersirup und 70 ml Grundwein
	Rose	0,5 ml Rosenwasser zu 100 ml Äthanol, dann 1–3 Tropfen der Lösung zu 100 ml Grundwein geben
BALSAMISCH	Banane	60 ml Bananensaft und 40 ml Grundwein
	Honig	Einen großer Teelöffel Honig in 100 ml Grundwein auflösen
	Karamell	¼ Karamell-Bonbon in 100 ml Grundwein auflösen
	Vanille	0,75 ml McCormick Vanille-Extrakt zu 100 ml Grundwein oder 1–2 Tropfen Vanille-Backaroma in 100 ml Grundwein auflösen
WÜRZIG	Anis	Zwei Tropfen künstliches Anis-Aroma zu 100 ml Grundwein geben
	Eichenholz	1 g rohe Holzspäne bei 200 °C 2 h im Backofen oder Eichenholzchips, anschließend 2 h in 100 ml Grundwein einlegen
	Minze	Einen Teebeutel Pfefferminz für 30 min in 100 ml Grundwein einlegen
	Nelke	Zwei Nelken für 1 h in 100 ml Grundwein einlegen
	schwarzer Pfeffer	Drei zerstoßende Pfefferkörner für 1 h in 100 ml Grundwein einlegen
	schwarzer Tee	Einen Teebeutel Schwarztee für 1 h in 100 ml Grundwein einlegen

SENSORIK	WEINFEHLER	AROMA	REZEPTUR
CHEMISCH, KÜNSTLICH	Lack-Note	Äthylacetat	2 cm aus „Alleskleber-Tube" für 2 h in 100 ml Grundwein einlegen oder 2 Tropfen Äthylacetat in 100 ml Grundwein
			2 Tropfen Äthylacetat/100 ml Grundwein
	Aroma-Böckser	übertriebene künstliche Frucht	7–8 Gummibärchen zerschneiden, für 2 h in 120 ml Grundwein einlegen
		künstlich-blumig	Ein kleines Stück billige aromatisierte Seife 1 h in 10 ml Grundwein einlegen
	Böckser Mercaptan-Böckser	Gummi	Ein Stück Fahrradschlauch oder roten Gummischlauch für mehrere Stunden in Grundwein einlegen
STECHEND	Böckser Mercaptan-Böckser	Knoblauch	Ein 10 × 5 mm großes Stück Knoblauch für 1 min in 100 ml Grundwein einlegen
		schweflig	Ein Streichholz anzünden, löschen, auskühlen lassen, für 30 min in 100 ml Grundwein einlegen
		Schwefel-wasserstoff	Einen Eisennagel für 2 h in 100 ml Grundwein einlegen
	Essigsäurestich Milchsäurestich Kahm-Note	flüchtige Säure	Je nach Grundwein 5–10 ml Essig auf 100 ml Grundwein
	Milchsäurestich	Sauerkraut	2–5 ml Sauerkrautlake auf 100 ml Grundwein
	Schwefeldioxid-Stich	schweflig	Rauch eines entzündeten Streichholzes
			2 g Kaliumdisulfit auf 100 ml Wasser, 1 ml der Lösung auf 100 ml Grundwein entspricht 100 mg/l Schwefeldioxid
BLUMIG	Geranien-Ton	Geranien	1–2 Geranienblätter für 2 h in 100 ml Grundwein einlegen
	untypische Alterungs-Note	Lavendel	0,5 ml der Stammlösung (0,1%ig ätherisches Lavendelöl) in 100 ml Grundwein geben
		Akazienblüte	7,5 µl der Stammlösung (0,01%ig 2-Aminoacetophenon) zu 100 ml Grundwein geben; 8 Tropfen 4%ig Akazienblüten-Extrakt (Reformhaus) auf 100 ml Wasser; 1 ml der Stammlösung zu 100 ml Grundwein
WÜRZIG	Koch-Ton	rauchig	Ein kleines Holzstück anzünden, löschen, auskühlen lassen, für 2 h in 100 ml Grundwein einlegen
	untypische Alterungs-Note	Antikwachs	1 g Antikwachs in 100 ml Äthanol auflösen; 1 ml der Stammlösung zu 100 ml Grundwein geben
		nasser Lappen	Einen handgroßer Ballen unbehandelter Schafwolle in 100 ml Äthanol einlegen; 2,5 ml der Stammlösung zu 100 ml Grundwein geben

SENSORIK	WEINFEHLER	AROMA	REZEPTUR
		Mottenkugeln	0,5 ml der Stammlösung (0,01%ige Indol-Lösung) zu 100 ml Grundwein geben
	Bittermandel-Ton	Bittermandel	5 Apfelkerne zerquetschen und für 2 h in 100 ml Grundwein einlegen
MILCHIG	Milchsäurestich	Butter	0,25 ml der Stammlösung (1 ml Diacetyl auf 100 ml Äthanol) auf 100 ml Grundwein
		Joghurt	6–8 ml Joghurt und 100 ml Grundwein
		milchig	7–8 ml Milch und 100 ml Grundwein
MUFFIG, DUMPF	Schimmel-Note, Umwelt-Note	pilzig	2–4 ml Champignon-Dosenlake auf 100 ml Grundwein geben
		schimmelig	schimmeliges Material in Grundwein einlegen
		Teer	1 Tropfen Teer 12 h in 100 ml Grundwein extrahiert lassen
WEICH, SCHAL	Oxidation Schwefelfresser	Acetaldehyd	einen Apfelschnitz liegen lassen, bis eine intensive Braunfärbung eintritt; 0,1–0,2 ml Acetaldehyd auf 100 ml Grundwein geben; 20 ml Sherry und 80 ml Grundwein
		Luft-Ton	ein Glas Wein mehrere Tage in geruchsneutraler Umgebung stehen lassen
	Papiernote	Karton-Ton	Ein 20 × 20 mm großes Kartonstück 12 h in 100 ml Grundwein einlegen
		Filterschicht	Ein 20 × 20 mm großes Schichtenstück 12 h in 100 ml Grundwein einlegen
		staubig	400 g feinen Kies waschen und 12 h in 100 ml Grundwein einlegen
	geschmackliche Veränderungen		
BITTERER GESCHMACK	bitter, gerbig	pflanzlich-phenolisch	10 cm eines grünen Pflanzenstengels klein schneiden und für 15 min in 100 ml Grundwein einlegen
		hart-bitter	0,4 g Koffein in einem Liter Grundwein auflösen
SCHARFER ZIEHENDER GESCHMACK	brandig	alkoholisch	12 g Trinkalkohol auf einen Liter Grundwein geben
	kohlensäure-scharf	Kohlensäure	Wein mit Kohlensäure aus Kohlensäurespender versetzen

Übung 1: Objektive Beschreibung von Sinneseindrücken

Stellen Sie sich vor, Sie müssten einem Marsbewohner eine Erdbeere beschreiben; einem intelligenten Lebewesen, das aber noch nie eine irdische Frucht gesehen hat und daher mit dem Begriff Erdbeere keinerlei Vorstellung verbindet. So ähnlich sieht die erste Übung aus, die Sie in die Welt der Weinsensorik einführen soll.

Ziel dieser Übung ist es, zu einer Frucht alle Eindrücke zu sammeln, die Ihnen ihre Sinnesorgane vermitteln. Nicht erlaubt sind umschreibende, abstrakte Formulierungen (z. B. die Frucht wächst im Frühjahr; typische Frucht für Süßspeisen, etc.). Nur das, was Sie sehen, schmecken, riechen oder fühlen, darf auf dem Arbeitsblatt notiert werden. Verwenden Sie bei einem Seminar Früchte, die leicht mit den Fingern zu zerteilen sind und die jedem Seminarteilnehmer bekannt sind.

Hintergrund (im eigenen Interesse erst nach der Übung lesen):

Beachten Sie die Anzahl der gefundenen Formulierungen bei den einzelnen Kategorien Aussehen, Geruch, Geschmack und Mundgefühl. Wahrscheinlich wird sich eine deutliche Anhäufung bei den optischen Eindrücken und bei der Kategorie Mundgefühl/Beschaffenheit herausstellen.
Diese kleine Übung zeigt sehr anschaulich die Dominanz des Sehsinns in Bezug auf seine Fähigkeiten der gegenständlichen Beschreibung, andererseits aber auch die „Sprachlosigkeit“, wenn es um die Wiedergabe von Geruchs- und Geschmackseindrücken geht.

Stellen Sie sich die Frage, ob ein Nichteingeweihter die Frucht anhand der von Ihnen gefundenen Attribute erkennen würde. Machen Sie den Versuch und lesen Sie einer Testperson Ihre Notizen vor. Hat er/sie die Frucht erkannt, und wenn ja, mithilfe welcher Kategorie?

Übung 1
Aussehen: Orange, rund, glatt, kleine Poren, schimmernd, grüner Stilansatz, unten eingedellt, in Kammern eingeteilt, weiße Zwischenschicht unter Schale
Geruch: Süßlich, aromatisch
Geschmack: Schale bitter, weiße Schicht fade, Fleisch süß-säuerlich
Mundgefühl/Textur/Beschaffenheit: Saftig, widerstandsfähige Häutchen, trockene Oberfläche der einzelnen Schnitze

Eine weiße Unterlage unter den Reagenzgläsern bringt die schwach abgestuften Farbschattierungen besser zur Geltung

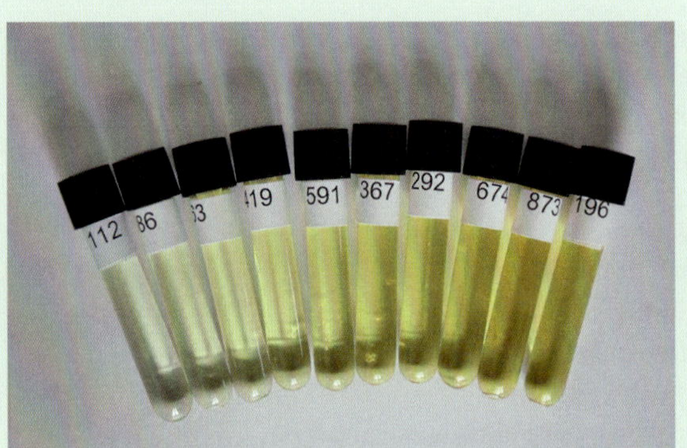

Übung 2										
	schwach						stark			
Probenfolge Nr.										
jugendlicher Wein										
gereifter Wein										

Übung 3: Geschmacksregionen der Zunge

Erkunden Sie Ihre Zunge und deren Geschmacksregionen.

In der Literatur werden den einzelnen Zonen der Zunge für die Grundgeschmacksarten meist exakt umrissene Felder zugeordnet. Diese Vorstellung der räumlichen Abgrenzung zwischen den Geschmacksfeldern muss jedoch relativiert werden. Mit dieser Übung machen Sie sich sensibel für die Frage: Wo schmecke ich was und wie intensiv?

süß/sauer/salzig

bitter ■

sauer ●

salzig ▬

süß +

Durchführung:

Versetzen Sie vier Proben eines möglichst geschmacksneutralen Wassers mit 20 g/l Haushaltszucker (süß), 1,5 g/l Kochsalz (salzig), 1,5 g/l Weinsäure (sauer) und 0,5 g/l Koffein aus der Apotheke (bitter). Benutzen Sie Wattestäbchen, um die Regionen der Zunge mit den einzelnen Proben zu benetzen und registrieren Sie die Art des Reizes, seine Stärke und Dauer.

Übung 3		
Geschmacksart	wo am stärksten wahrgenommen?	Dauer der Wahrnehmung und Beschreibung (kurz, schnell wahrgenommen, sich langsam entwickelnd, anhaltend etc.)
süß		
sauer		
bitter		
salzig		

Übung 4: Tastsinn

Die trigeminale Wahrnehmung im Gaumenraum umfasst eine Vielzahl sensorischer Wahrnehmungen, etwa den kühlenden Effekt von Menthol, die Schärfe des Pfeffers, die Adstringenz des Weines oder physikalische Komponenten wie die Viskosität oder einen rauen, schmirgelnden Eindruck. Die Zunge, mit einer zweifach höheren Tastnervendichte als die Fingerspitzen, liefert hier wichtige Informationen über die Beschaffenheit des Weines.

Der Tastsinn:

Nehmen Sie einen Schluck Wein in den Mund. Wie fühlt er sich an? Dünn? Dicht? Wie ist das Fließverhalten? Empfinden Sie ein Gefühl von Festkörpern im Wein? Kommt es zu einem Austrocknungseffekt der Mundschleimhaut?

Durchführung:

Die in der Tabelle angeführten Dosierungen vermitteln unterschiedliche Aspekte der trigeminalen Reizung. Versetzen Sie einen unauffälligen Weiß- oder Rotwein (weniger als 4 g/l Restzucker, keine Bukettsorte, Rotwein mit niedrigem Gerbstoff) mit den angegebenen Dosierungen und verkosten Sie die Proben anschießend. Wie verändert sich das Mundgefühl?

Dosierungsempfehlung zur Probenherstellung

	Probe 1	Probe 2	Probe 3
Dosierung	+ 0,3–0,6 g/l Ammoniumeisensulfat (Apotheke)	300 Gramm gewaschener kleinkörniger Kies in 1 l Wein 8 h einlegen	+ 2 ml/l flüssiges Gummi Arabicum
Empfindung	Adstringenz, austrocknender Effekt	schmirgelnder Effekt, mineralisch	weich, erhöhte Viskosität, mehr Fülle

Übung 5: Nasale und retronasale Wahrnehmung

Ziel der Übung ist die Getränke mittels Ihres Geschmackssinns zu erkennen. Durch die Verwendung von schwarzen Gläsern wird der Sehsinn ausgeschaltet.-Des Weiteren verhindert die Verwendung einer Nasenklammer die olfaktorische Aromenwahrnehmung.

Der Geschmackssinn ist nun auf sich allein gestellt. Ist es dennoch möglich, einen Kirschsaft von einem Aprikosensaft zu unterscheiden, obgleich wir mit diesem Sinn doch nur die Basalqualitäten – süß, sauer, salzig, bitter – erfahren können? Probieren Sie selbst.

Gut geeignete Getränkeproben:
mit 30% Wasser verdünnter Zitronensaft
Kirschsaft
Weinbrand
kalter Kaffee
Wasser
Wein
kalter Tee

Durchführung:

Die Proben dürfen durch ihre charakteristische Eigenfärbung die Verkostung nicht beeinflussen und nicht auf das mögliche Getränk hinweisen. Hier eignen sich sehr dunkle Gläser mit enger Öffnung, kleine Trinkbecher mit Deckel oder ähnliche Trinkgefäße. Alternativ hierzu können die Proben auch mit einer Messerspitze schwarzer Lebensmittelfarbe grau-schwarz eingefärbt und damit optisch egalisiert werden. Versehen Sie die Proben im Glas mit Ziffern oder Zahlen, um Verwechslungen zu vermeiden.

Sowohl der nasale als auch der retronasale Weg zu den Riechschleimhäuten muss bei dieser Übung zuverlässig unterbunden sein. Geeignet für diese Aufgabe sind Nasenklammern (Schwimmbedarf), die unbedingt aufgesetzt werden müssen, bevor die Proben gereicht werden. Wichtig ist auch, die Klammer erst nach Abschluss der Übung abzunehmen. Werden mehrere Proben gereicht, sollte zwischendurch mit Wasser neutralisiert werden.

Hintergrund:
Die Nasenklammer verhindert, dass die Aromen auf direktem Weg (nasal) zur Riechschleimhaut gelangen. Als Sinneseindruck verbleiben nur noch die Reize, die über den Mund- und Rachenraum verarbeitet werden (Grundgeschmacksarten und trigeminale Reize).

Interessant ist auch, nachdem alle Proben verkostet und die möglichen Getränke notiert sind, die Probe zu wiederholen und sobald das Getränk im Mund ist, die Klammer abzunehmen.

Übung 5	
Setzen Sie die Nasenklammern auf und versuchen Sie, die ausgegebenen Getränkeproben zu erkennen. Setzen Sie die Nasenklammer erst ab, wenn die Aufgabe abgeschlossen ist.	
Probe 1	
Probe 2	
Probe 3	

Übung 6: Schwellenwert-Ermittlung mit Wasser

Der Geschmack:
Aufgrund der menschlichen Physiologie

wird süß zuerst registriert; der Eindruck nimmt aber auch rasch wieder ab oder verschwindet sogar ganz, konzentrieren Sie sich auf die erste Wahrnehmung;

werden sauer und salzig verzögert wahrgenommen; beide Eindrücke bleiben jedoch länger

wird bitter zuletzt registriert; der Reiz bleibt lange und verstärkt sich bei jedem Schluck

Die Erkennung der eigenen Schwellenwerte für die Grundgeschmacksarten zählt zu den Grundlagen, die jeder Sensoriker kennen sollte. Nur wer seine persönlichen Stärken und Schwächen kennt, kann an sich arbeiten.

Durchführung:
Versetzen Sie möglichst geschmacksneutrales Wasser mit den in der Tabelle angegebenen Konzentrationen an Saccharose, Weinsäure, Kochsalz und Koffein

Stellen Sie die Proben jeder Grundgeschmacksart in eine Reihe, in der Konzentration von links nach rechts ansteigend. Verkosten Sie ebenfalls in dieser Reihenfolge. Das für die Übung verwendete geschmacksneutrale Wasser muss zur Neutralisation ebenfalls eingeschenkt werden.

Durch den Vergleich der Proben einer Reihe untereinander und mit der neutralen Wasserprobe können nun die individuellen Schwellenwerte erarbeitet werden.

Die einfachste Form der Bearbeitung ist, nur zu vermerken, bei welcher Probe und damit bei welcher Konzentration ein Geschmackseindruck wahrgenommen wird.

Eine bessere Auswertung der eigenen Ergebnisse ist mit der Vergabe folgender Symbole möglich:

O	=	kein Geschmackseindruck
R	=	Reizschwelle: Geschmackseindruck vorhanden, aber Geschmack (noch) nicht erkannt
E	=	Erkennungsschwelle: Geschmackseindruck erkannt
EE	=	Konzentrationsunterschied erkannt: Steigerung des Geschmacks gegenüber vorheriger Probe bemerkbar
EEE	=	bei einer weiteren Steigerung des Geschmackseindrucks können zusätzliche „E“ bei der jeweiligen Probe notiert werden.

Vermerken Sie in der Zeile „Geschmack“, bei welcher Konzentration Sie welchen Eindruck empfinden.

Übung 6					
	Probe 1	**Probe 2**	**Probe 3**	**Probe 4**	**Probe 5**
sauer (mit Weinsäure)	0,03 g/l	0,06 g/l	0,09 g/l	0,12 g/l	0,15 g/l
süß (mit Saccharose	1,00 g/l	1,70 g/l	2,40 g/l	3,20 g/l	4,00 g/l
bitter (mit Koffein)	0,04 g/l	0,08 g/l	0,12 g/l	0,16 g/l	0,20 g/l
salzig (mit Kochsalz)	0,10 g/l	0,20 g/l	0,30 g/l	0,40 g/l	0,50 g/l

Übung 7: Schwellenwert-Ermittlung mit Wein

Während der Schwellenvergleich mit Wasser der grundsätzlichen Einschätzung der eigenen Sensibilität und als Vorbereitung und Training dient, stößt die Schwellenwert-Ermittlung mit Wein die Tür zur eigentlichen Weinbeurteilung auf.

Durchführung:

Versetzen Sie Proben eines Grundweines mit ansteigenden Gehalten an Saccharose oder Weinsäure. Der verwendete Grundwein sollte einen möglichst niedrigen Restzuckergehalt und auch eine moderate Gesamtsäure aufweisen, um sich geschmacklich der Beeinflussung durch die Dotierungen unterzuordnen.

Dosierungsempfehlung zur Probenherstellung (Übung 7: Schwellenwert-Ermittlung mit Wein)	Probe 1	Probe 2	Probe 3	Probe 4	Probe 5
Saccharose	original	+1,0g/l	+2,0g/l	+3,0g/L	+4,0g/l
Weinsäure	original	+0,5g/l	+1,0g/l	+1,5g/l	+2,0g/l

Anforderungen an den Grundwein

- geringe Restzuckergehalte (maximal 4 g/l)
- moderate Gesamtsäure (5–6 g/l)
- sensorisch unauffällig, d. h. keine Bukettsorte; Alkoholgehalt max. 12,5%

Die Proben werden wie bei der Wasservariante der steigenden Konzentration nach in mehrere Weingläser eingeschenkt. Der undotierte Originalwein im linken Glas dient zur besseren Vergleichbarkeit der manipulierten Proben.

Übung 7					
Probe	1.1	1.2	1.3	1.4	1.5
Bei welcher Probe erkennen Sie einen Unterschied zur vorhergehenden?					
Bei welcher Probe können Sie die geschmackliche Veränderung gegenüber der vorhergehenden Probe benennen?					
Welcher Geschmackseindruck verstärkt sich?					

Übung 8: Dreieckstests (Triangeltest)

Der Dreieckstest bietet die Möglichkeit des direkten Vergleichs zwischen zwei Varianten eines Weines. Bei Fachverkostungen angewandt, gibt er Auskunft, ob sich zwei Varianten eines Weines sensorisch unterscheiden. Man erhält so Informationen darüber, ob sich z. B. eine weinbauliche oder kellerwirtschaftliche Maßnahme bemerkbar macht.

Dreistellige Zufallszahlen vermeiden die statistisch bewiesene unwillkürliche Bevorzugung einzelner Proben

Durchführung:

Sie benötigen pro Person drei gleiche Gläser. Zwei der Gläser enthalten den gleichen Wein, ein Glas wird mit der veränderten Variante befüllt. Wegen der Vergleichbarkeit müssen die Temperaturen der Weinvarianten und auch die Füllhöhen in den Gläsern gleich sein.

Die Fragestellung lautet nun:

Welche der drei Proben unterscheidet sich von den anderen zwei? Ist Probe 371 sensorisch anders als 812 und 569? Welche Probe fällt aus der Reihe?

Wie lässt sich der Unterschied beschreiben?

Mögliche Unterscheidungen/Beispiele für Weinvarianten

Variante 1	Variante 2
Original	+ 1,0 g/l bis 2,0 g/l Weinsäure
Original	+ Verschnittanteile mit anderem Wein
Original	+ 4,0 g/l bis 8,0 g/l Restzucker

Ein Dreieckstest mit einer größeren Gruppe (mehr als 5 Teilnehmer) ermöglicht eine statistische Auswertung der Ergebnisse. Gerade für weinbauliche oder kellerwirtschaftliche Versuche kann so die Frage geklärt werden, ob eine sensorische Veränderung durch eine Maßnahme gegeben ist, ob sich eine Behandlung, eine neue Methode in Anbau oder Ausbau des Weines sensorisch niederschlägt und sich auch mit einer ausreichenden Signifikanz belegen lässt.

Statistische Tabelle für die Auswertung von Dreieckstests(aus Koch, J. (Hrsg.), Getränkebeurteilung, 1986)

Anzahl der Antworten	Mindestanzahl richtiger/falscher bzw. ja/nein-Antworten bei Irrtumswahrscheinlichkeit von			Anzahl der Antworten	Mindestanzahl richtiger/falscher bzw. ja/nein-Antworten bei Irrtumswahrscheinlichkeit von		
	0,05	0,01	0,001		0,05	0,01	0,001
7	7	7	–	24	13	14	16
8	7	8	–	25	13	15	17
9	8	9	–	26	14	15	17
10	9	10	10	27	14	16	18
11	9	10	11	28	14	16	18
13	10	12	13	29	15	17	19
14	11	12	13	30	15	17	19
15	12	13	14	31	16	17	19
16	12	14	15	32	16	18	20
17	13	14	16	33	16	18	20
19	14	15	17	34	17	19	21
20	15	16	18	35	17	19	21
21	15	17	18	36	18	20	22
22	16	17	19	37	18	20	22
23	16	18	20	38	18	20	23

Übung 8			
Proben	abweichende Probe	Sensorik der übereinstimmenden Proben	Sensorik der abweichenden Probe
371 – 812 – 569	**371**	reifer Eindruck, karamellige Noten	harter Eindruck, grün-unreif
	Lösung: Probe 371 wurde mit 0,8 g/l Weinsäure versetzt		

Übung 9: Rangordnung

Bei einer Rangordnungsprüfung erhält jeder Teilnehmer mehrere Proben. Diese Probenweine gehen alle auf denselben Grundwein zurück, unterscheiden sich aber durch einen Stimulus. So können die Weine einer Verkostungsreihe z. B. verschiedene Restzucker- oder Gesamtsäuregehalte aufweisen.

Die eingeschenkte Reihe für die Rangordnung wird während der Bearbeitung der Aufgabe umgestellt

Die sensorische Übung zur Rangordnung enthält nun zwei Aufgabenstellungen.

1. Welche Veränderung stellen Sie fest? Lassen sich farbliche Veränderungen feststellen? Sind geschmackliche Differenzen gegeben? Machen sich Unterschiede nur in der Nase bemerkbar?

Erst wenn diese Frage beantwortet ist, kann die zweite Aufgabe angegangen werden.

2. In welcher Probe ist die festgestellte Veränderung am intensivsten, in welcher am geringsten?

Die Proben können nun anhand der festgestellten Intensitäten in eine Rangordnung gebracht werden, die von der schwächsten bis zur stärksten Ausprägung reicht.

Durchführung:
Versetzen Sie vier Proben eines Weines mit einer steigenden Dotierung. Die fünfte Probe bleibt als Originalvariante unbehandelt. Versehen Sie die Gläser mit dreistelligen Zufallszahlen oder setzen Sie die Proben auf entsprechend nummerierte Untersetzer oder Notizzettel.

Die Weine werden nicht wie bei den Schwellenwerten in einer ansteigenden Reihe eingeschenkt, sondern in einer willkürlichen Probenfolge.

Beispiel für Dotierungen/Steigerungen

Weinsäure	original	+0,3 g/l	+0,6 g/l	+0,9 g/l	+1,2 g/l
Saccharose	original	+1,5 g/l	+3,0 g/l	+4,5 g/l	+6,0 g/l
Äthylalkohol	original	+2,0 g/l	+4,0 g/l	+6,0 g/l	+8,0 g/l
Verschnittpartner	original	+5,0%	+10,0%	+15,0%	+20,0%
Aromen	original	+20% des Standards	+30% des Standards	+40% des Standards	+50% des Standards
Wasser	original	+5,0%	+10%	+15%	+20%

Bei der Erstellung der Rangfolge werden die Gläser dann mit den nummerierten Untersetzern verschoben, bis die Rangfolge erarbeitet ist.

Arbeitsbeispiel:
Die Gesamtsäure des Grundweins (5,2 g/l) wird durch Zugabe von Weinsäure erhöht. Die Erhöhungen finden in 0,3 g/l-Schritten statt, sodass schließlich fünf Proben mit Säurewerten von 5,2 - 6,4 g/l vorliegen. Die hier gewählte Anordnung für die Proben kann durch jede andere Kombination ersetzt werden. Notieren Sie sich die gewählte Reihenfolge.

Werte des Arbeitsbeispiels und mögliche Einschenk-Reihenfolge

	Probe 757	Probe 347	Probe 931	Probe 144	Probe 152
Gesamtsäure in g/l	5,8 (5,2 + 0,6 Zugabe)	6,4 (5,2 + 1,2 Zugabe)	5,2 (Originalgehalt)	5,5 (5,2 + 0,3 Zugabe)	6,1 (5,2 + 0,9 Zugabe)

Für Fortgeschrittene:
Die Aufgabe kann in ihrer Anforderung noch gesteigert werden, wenn beispielsweise eine Kombination aus der Steigerung der Restsüße und der Veränderung der Säurewerte erfolgt. Die höhere Süße wird von der parallel angehobenen Säure des Weines „aufgefangen“, wodurch die geschmackliche Einschätzung erschwert wird.

Beispiel für Dotierung

	Probe 1	Probe 2	Probe 3	Probe 4	Probe 5
Saccharose in g/l	4,9 (2,9 + 2,0)	2,9 Original	8,9 (2,9 + 6,0)	6,9 (2,9 + 4,0)	6,9 (2,9 + 4,0)
Gesamtsäure in g/l	5,2 Original	5,2 Original	6,2 (5,2 + 1,0)	5,2 Original	5,7 (5,2 + 0,5)

Übung 9

Sie erhalten fünf Proben in willkürlicher Reihenfolge. Ordnen Sie die Proben von links nach rechts, sodass sich die Probe mit der schwächsten Konzentration links und die mit der stärksten Ausprägung rechts befindet. Verschieben Sie die nummerierten Untersetzer mit dem Glas und tragen Sie die Nummernfolge in Ihr Arbeitsblatt ein!

schwächste Konzentration						stärkste Konzentration
Nummern						

Welcher Geschmackseindruck verstärkt sich? ....

Übung 10: Temperatur

Die richtige Trinktemperatur eines Weines hat entscheidenden Einfluss auf die Sensorik.

Zu niedrige oder zu hohe Trinktemperatur – beide Bereiche wirken sich nachteilig auf den Weingenuss aus – lassen manch filigrane Nuance verschwinden oder zerstören sogar die Weinharmonie, da sich Teilbereiche des Geschmacksbildes in den Vordergrund drängen.

In wissenschaftlichen Veröffentlichungen wurde der Einfluß der Temperatur vor Allem auf die Aromenausprägung festgestellt.

Die Trinktemperatur hat entscheidenden Einfluss auf die Sensorik

Durchführung:

Temperieren Sie zwei Proben desselben Weines auf unterschiedliche Celsius-Grade.

Schenken Sie beide Weine mit gleichen Füllständen in geeignete Gläser und vergleichen Sie die unterschiedlichen Ausprägungen der auf dem Arbeitsblatt angeführten Kriterien.

Beispiele zur Probenerstellung mit unterschiedlicher Temperatur

	< Temperatur	> Temperatur
junger Weißwein Qba/Kabinett	6 °C	14 °C
gereifter oder hochwertiger Weißwein	8 °C	16 °C
junger Rotwein	12 °C	18 °C
gereifter Rotwein	14 °C	20 °C

Eine Erweiterung dieser Übung ist jederzeit möglich. So kann auch eine Kombination aus drei Proben gewählt werden (zu geringe, zu hohe und Idealtemperatur).

Übung 10

Sie erhalten zwei Proben eingeschenkt. Achten Sie auf Unterschiede zwischen den Weinen, machen Sie sich Notizen und vergeben Sie für beide Weine anhand der vorgegebenen Kriterien ein + für „stärker" oder einem – für „schwächer" als im anderen Glas.

	Wein A		Wein B	
	+ oder –	Bemerkungen	+ oder –	Bemerkungen
Aromatik				
Süße				
Säure				
Kohlensäure				
bitter				
Alkoholeindruck				
Intensität/Dichte				

Übung 11: Aromenerkennung

Es ist oftmals schwierig Aromen zu erkennen und diese Erkenntnisse anschließend in Worte zu fassen. Unsere Übung bietet einen unkomplizierten, spielerischen Einstieg in die Welt der Aromen. Mit Leichtigkeit werden Sie an das „schönste Problem" der Weinsensorik herangeführt: Was rieche ich?

Der Geruch:

Schieben sie alle Eindrücke, die Ihnen der Sehsinn vermittelt, beiseite. Halten Sie das Glas dicht unter die Nase, atmen Sie ruhig und gleichmäßig ein, konzentrieren Sie sich auf den Geruch. Beobachten Sie ihre eigene Reaktion. Die ersten Eindrücke sind oft die aussagekräftigsten.

Aromenerkennung: eine Übung mit hohem Spaßfaktor

Durchführung:
Wählen Sie sechs bis acht Aromenstandards aus. Empfehlenswert ist eine Aromenauswahl, die die gesamte Bandbreite der Weinaromatik abdeckt und von fruchtigen Noten über vegetabile und würzige bis zu den weich-cremigen Noten reicht.

Um die Beeinflussung durch den Sehsinn zu unterbinden, sollten hier eingefärbte Gläser verwendet werden. Alternativ hierzu können die Proben auch mit einer Messerspitze schwarzer Speisemittelfarbe eingefärbt werden.

Jedes Aroma muss bei der anschließenden Probe, unbeeinflusst von den anderen Standards, wahrnehmbar sein. Schließen Sie die einzelnen Gläser deshalb jeweils mit einem Deckel ab. Geeignet sind hier Glas- oder Kunststoffscheiben, Untersetzer oder Ähnliches. Ungeeignet sind alle Materialien, die einen Eigengeruch haben (Bierdeckel, Kartonagen etc.).

Beschriften Sie die einzelnen Aromenstandards mit willkürlich ausgesuchten dreistelligen Nummern.

Die Aufgabe ist nun, nur durch Abriechen der Proben die jeweiligen Aromen zu erkennen und aufzulisten.

Übung 11

Aroma	Nr.	Aroma	Nr.
Zitrus		Vanille	
künstliche Frucht		Karamell	
Eisbonbon		Honig	
Birne		Minze	
reifer Apfel		Spargel	
Aprikose		grüne Bohne	
Maracuja		Champignon	

Übung 12: Aromen im Wein

Diese Übung baut auf dem Vorhergehenden auf. Während es dort um die Erkennung und Benennung einzelner Aromen ging, wird nun der Bogen weiter gespannt und schließt den Wein ein. Für diese Aufgabe können nun alle Erkenntnisse und Erfahrungen aus den vorgegangenen Übungen genutzt werden.

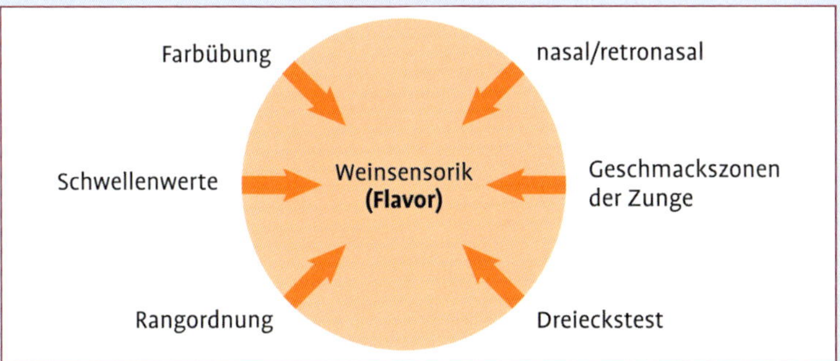

Durchführung:

A) Die individuelle Weinbeschreibung (Brainstorming): Die Seminarteilnehmer erhalten den gleichen Wein. Die Aufgabe besteht darin, individuell alle sensorischen Eindrücke zu notieren (→ Arbeitsblattbeispiel). Anschließend werden die individuellen Beschreibungen durch die Gruppe validiert.

B) Aromenerkennung: Im zweiten Schritt werden den Teilnehmer fünf Aromenstandards gereicht. Die Aromen sollen erkannt und notiert werden (→ Arbeitsblattbeispiel). Die Präsentation der Aromen erfolgt wie bei Übung 2.11 mit den Deckeln auf den Gläsern und einer neutralen Beschriftung.

Großes Augenmerk muss hier auf die Wahl der Standards gelegt werden. Die Aromen sollten in dem gewählten Wein wiederzufinden sein oder zumindest dem Weintyp nicht vollkommen widersprechen.

Beispielhafte Auswahl der Standards

Weintyp/Sorte	mögliche Standards				
Kerner	Zitrus	Grapefruit	Aprikose	Eisbonbon	grüne Paprika
Müller-Thurgau	Grapefruit	Ananas	Banane	grüner Apfel	künstl. Frucht
reifer Silvaner	Birne	Aprikose	Karamell	grüne Bohne	reifer Apfel
Bacchus	schwarze Johannisbeere	Lychee	Holunder	grüne Paprika	Gras

Diese Liste möglicher Standards ist ein Vorschlag. Inwieweit die Standards zu dem ausgewählten Wein passen, muss durch einen Versuch geklärt werden. Setzen Sie dazu die Standards nach den Vorgaben an und vergleichen dann mit dem Wein.

Übung 2: „Augentier“ Mensch

Die Einschätzung eines Weines beginnt mit dem Auge. Es vermittelt uns die ersten Eindrücke über Klarheit, Brillanz und Farbe.

Durch die Dominanz des Sehsinns kann es hier aber zu vorschnellen Urteilen kommen, die von den Sinnenseindrücken Geruch, Geschmack und Mundgefühl teilweise nur schwer revidiert werden können. Dieser Umstand muss bei jeder Weinbeurteilung Berücksichtigung finden, um zu einem möglichst ausgeglichenen Urteil zu gelangen.

Eine einfache Übung zur Schulung des Sehsinns besteht darin, unterschiedlich gefärbte Wasserproben so in eine Reihenfolge zu bringen, dass sich eine Steigerung der Farbintensität ergibt. Wie auch die erste Aufgabe eignet sich diese Übung als guter Einstieg in ein Sensorik-Seminar.

Vorbereitung:

ROT Cochinelle Rot (E 120)
GELB Chinolingelb (E 104)

Verwenden Sie für die Übung entmineralisiertes/destilliertes Wasser.

Setzen Sie 500 ml Wasser mit 1 g des gewünschten Farbstoffes an (Stammlösung).

Versetzen Sie 100 ml Wasser mit den unten in der Tabelle angeführten Mengen der Stammlösung und füllen das gefärbte Wasser in geeignete dicht schließende Reagenzgläser o. ä.

Reagenzgläser mit dreistelligen Zufallszahlen versehen (z.B. 570/121/306). Die Aufgabe besteht darin, die Reagenzgläser in die richtige Reihenfolge zu bringen und dem angegebenen Weintyp geeignete Farbnuancen zuzuordnen. (Die unter Männern verbreitete Rot-Grün-Blindheit kann bei dieser Übung Probleme verursachen. 6% aller Männer leiden unter dieser von der mütterlichen Seite übertragenen Erbkrankheit.)

Probe	1	2	3	4	5	6	7	8	9	10
GELB Stammlösung	0,1ml	0,4ml	0,7ml	1,0ml	1,3ml	1,6ml	1,9ml	2,2ml	2,5ml	2,8ml
ROT Stammlösung	0,5ml	1,6ml	2,7ml	3,8ml	4,9ml	6,0ml	7,1ml	8,2ml	9,3ml	10,4ml

C) Vergleich Standards – Wein/Validierung: Nun gilt es den sensorischen Vergleich zwischen den Standards und dem zuvor beschriebenen Wein anzustellen:
Erkennen Sie Parallelen zwischen dem Geruchs/Geschmacksbild des Weines und den Standards?
Können Sie mithilfe des Standards dem Wein Aromen zuordnen, die zuvor nicht erkannt wurden oder nicht benannt werden konnten?
D) Erneute Weinbeschreibung: Den Abschluss der Übung bildet eine erneute Weinbeschreibung. Vergleichen Sie die Veränderungen bei der Weinbeschreibung vor und nach der Beschäftigung mit den Aromenstandards.

Auswahl geeigneter Weine:
Gerade für Einsteiger in die Welt der Sensorik ist es äußerst wichtig, einen Wein mit deutlichem Aromabild zu wählen. Geeignet sind hier junge, durch ihre Gäraromen geprägten Weine oder auch Weine von aromatischen Rebsorten (Bacchus, Traminer, Scheurebe). „Spezialisten" wie Barrique, sur lie, biologischer Säureabbau bieten sich aufgrund ihrer besonderen Aromatik ebenfalls an, sollten aber bei dieser Übung den fortgeschrittenen Sensorikern vorbehalten bleiben.

Übung 12

Sie erhalten einen Wein pro Person.
A) Erarbeiten Sie zutreffende Aromen und Eigenschaften des Weines!

AUGE: ....

NASE: ....

ZUNGE: ....

KÖRPER/FÜLLE: ....

B) Tragen Sie die 5 ausgegebenen Aromenstandards auf dem Arbeitsblatt ein. Wenn Sie den Standard nicht direkt benennen können, umschreiben Sie ihn („frisch-fruchtig", „pflanzlich", „unreif-grün", „stechend" etc.)

Standard I	Standard II	Standard III	Standard IV	Standard V

C) Vergleichen Sie den vorgestellten und beschriebenen Wein mit den Standards!
Sind Parallelen vorhanden? Lassen sich einzelne Aromen im Wein wiederfinden?
D) Erarbeiten Sie eine erneute Charakterisierung des Weines!

Übung 13: Wein-Aromen und deren Intensität

Diese Übung bietet gegenüber den vorangegangenen Übungen eine Erweiterung und Intensivierung der Übung 12: Aromen im Wein.

Gerade für Einsteiger in die Weinsensorik empfehlen sich zuerst die Übungen 11 (Aromen-Erkennung) und 12 (Wein und Aromen), um erst dann die hier vorgestellten Aufgabe zu absolvieren.

Originalwein und leicht veränderte Probe: Wo ist der aromatische Unterschied?

Bei dieser praktischen Übung erhält jeder Teilnehmer zwei Weine, die sich nur in einem sensorischen Aspekt unterscheiden. Es gilt, beide Weine zu beschreiben, den Unterschied herauszuarbeiten und diesen zu quantifizieren.

Durchführung:

Bei den beiden einzuschenkenden Proben (Wein A und B) handelt es sich um den gleichen Wein. Einziger Unterschied ist eine Zugabe, die der Variante B eine leicht veränderte Sensorik gibt. Dieser unterschiedliche Weincharakter der Paarung A/B stellt die Grundlage für die Übung dar.

Ziel der Dotierung ist es, die Variante B so zu verändern, dass die Manipulation bemerkbar ist, ohne sich in den Vordergrund zu drängen. Wichtig ist hier, der individuellen Charakteristik des Weines nicht konträr zu widersprechen, sondern weineigene und/oder rebsortenspezifische Besonderheiten zu verstärken oder abzuschwächen.

So wird es für die Übung nicht sinnvoll sein, einen leichten und schlanken Kerner mit Wasserzusatz zu verdünnen, um in der B-Probe eine allgemeine Verringerung der Aromen zu erreichen. Ebenso widersinnig wäre es, eine hochwertige Silvaner Spätlese, deren Leitaromen reife Fruchtnoten und karamellig-cremige Komponenten sind, mit einer Eisbonbon-Dotierung zu verändern. Im ersten Fall wäre gerade eine Aromensteigerung interessant – im Fall des Silvaners könnte die Verringerung des Aromenbildes durch Wasserzusatz oder aber eine Aromenveränderung mit Birne, vielleicht auch Nelke erfolgen.

Grundsätzlich kann die Beeinflussung der B-Variante alle Bereiche der sensorischen Wahrnehmung, also Aromatik, Geschmack oder auch den Körper umfassen. Als Übung mit dem höchsten Spaßfaktor erweisen sich jedoch immer Aufgabenstellungen, die das Aromenspektrum betreffen.

Mögliche Dotierungen für die B-Probe

	Variante A	Variante B
junger Müller-Thurgau oder Kerner	orig.	Eisbonbon: ⅓–½ Eisbonbon auf 1 Liter Grundwein
junger Müller-Thurgau oder Kerner	orig.	künstliche Frucht: 5 Gummibärchen zerschneiden, für 1 h in 1 Liter Grundwein einlegen
fruchtbetonter Bacchus	orig.	grüne Paprika: 1 × 2 cm Stück für 1 h in 1 Liter Grundwein einlegen
Silvaner	orig.	grüne Bohne: 5–8 ml Konservenlake auf 1 Liter Grundwein geben. Lake über Sieb laufen lassen, damit keine Gemüsestückchen in den Wein gelangen
junger Silvaner	orig.	Spargel: 4–6 ml Konservenlake auf 1 Liter Grundwein geben
hochwertiger Silvaner	orig.	+5–7% klarer Birnensaft
hochwertige Spätlese	orig.	+15% Wasser

Beispiele für Weine und Dotierungen:
Die genaue Höhe der Dotierung können sie nur im Zusammenspiel mit der Sensorik des Ausgangsweines ermitteln. Die angeführten Werte stellen daher nur Richtwerte dar.
Die Veränderung darf sich nicht durch Trübungen oder Fremdkörper im Wein verraten. Deshalb trübungsfreie Standards oder schwarze Gläser verwenden.

A) Individuelle Weinbeschreibung: Jeder Teilnehmer erhält zwei Weine, die beide möglichst umfassend zu beschreiben sind (→ Arbeitsblattbeispiel S. 165).

B) Aromenerkennung: Jede Person oder eine kleine, maximal fünfköpfige Gruppe erhält fünf Aromenstandards, die es zu benennen gilt (→ Arbeitsblattbeispiel , S. 170).

Die Aromenauswahl richtet sich nach der Sensorik des Weines, der für die A/B-Variante eingesetzt wird. Wie in der Aufgabe 12 sollten die Aromen dem Weintyp weitestgehend entsprechen.

Wichtig ist, dass die Dotierung der B-Variante auch als Standard vorliegt. Wurde also die B-Variante eines Silvaners mit klarem Birnensaft verändert, muss auch der Standard Birne vorliegen.

C) Validierung: Neben der Erkennung und Benennung der Standards muss jetzt ein Vergleich zwischen den beiden Weinen und den Aromen erfolgen. Die Fragestellung lautet: Welche Aromen sind in beiden Weinen wiederzufinden? Maximal drei zutreffende Aromen können auf dem Arbeitsblatt eingetragen werden.

D) Quantifizierung/Wertung der Wahrnehmung: Beide Weine (Variante A/B) werden jetzt nach den ausgewählten Aromen und den weiteren auf dem Arbeitsblatt angegebenen Attributen bewertet.

Die Wertung geht von
0 = nicht vorhanden
3 = schwach ausgeprägt
6 = mittlere Intensität
(9 = sehr stark wahrnehmbar)

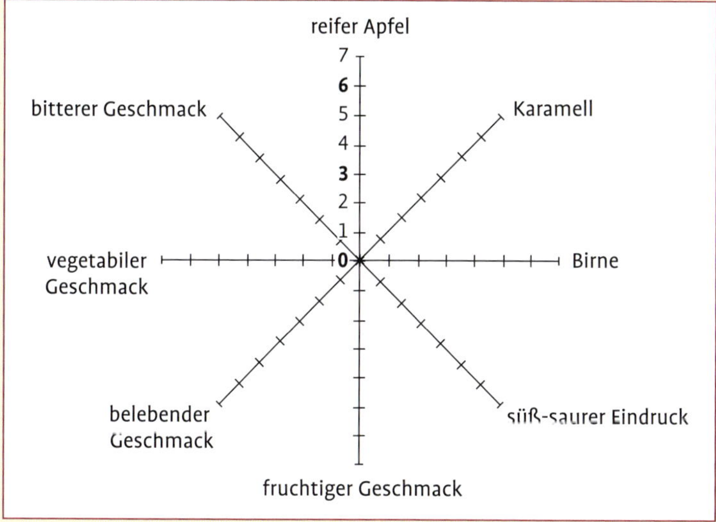

E) Quantitativ-deskriptive Analyse (QDA): Um die Ergebnisse des Vergleichs zu veranschaulichen, können diese in eine Diagrammform gebracht werden.

Übertragen Sie alle Attribute und die Wertungen auf ein Spinnendiagramm und verbinden Sie die erarbeiteten Werte miteinander (s. oben).

Mittels dieser einfachen Form der Quantitativ deskriptiven Analyse lassen sich sensorische Unterschiede optisch darstellen und damit leichter begreifbar machen.

Eine QDA wird vor allem zur Versuchsauswertung bei weinbaulichen oder kellerwirtschaftlichen Untersuchungen verwendet.

Attribute	Probe A	Probe B	Intensität des Standards
reifer Apfel	4	4	9
Karamell	5	6	9
Birne	4	7	9

Attribute	Probe A	Probe B
süß-saurer Gechmack	6	4
fruchtiger Geschmack	3	5
belbender Geschmack	6	5
vegetabiler Geschmack	3	1
bitterer Geschmack	2	1

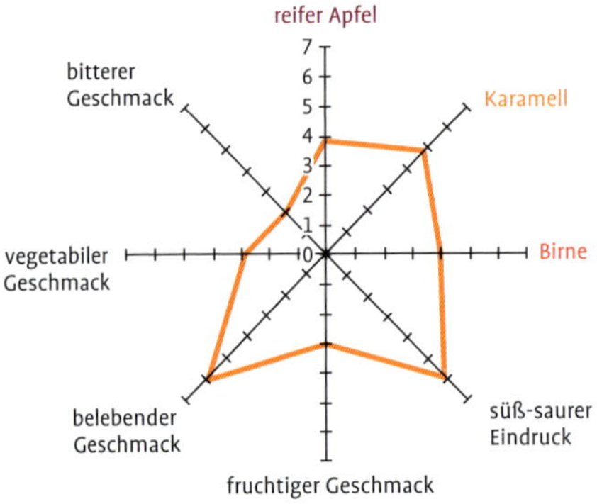

Werte Variante A

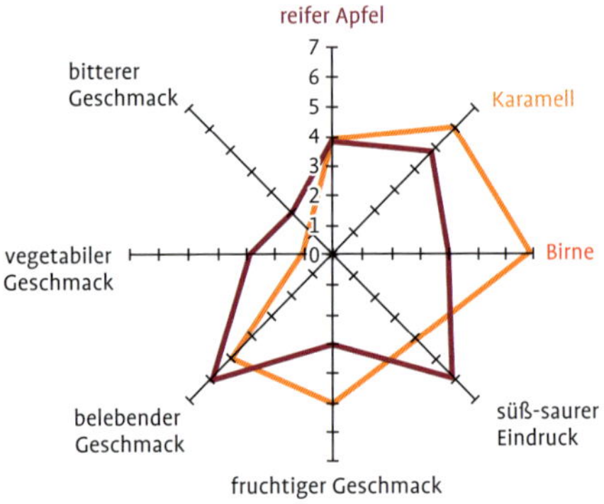

Werte Variante A und B

Übung 13

Sie erhalten zwei Weine pro Person.
A) Erarbeiten Sie zutreffende Aromen und Eigenschaften beider Weine.
Wein A

AUGE: ....

NASE: ....

ZUNGE: ....

KÖRPER/FÜLLE: ....

Wein B

AUGE: ....

NASE: ....

ZUNGE: ....

KÖRPER/FÜLLE: ....

B) Tragen Sie die fünf ausgegebenen Aromenstandards auf dem Arbeitsblatt ein! Wenn Sie den Standard nicht direkt benennen können, umschreiben Sie ihn („frisch-fruchtig“, „pflanzlich“, „unreif-grün“, „stechend“ usw.).

Standard A	Standard B	Standard C	Standard D	Standard E

C) Vergleichen Sie beide Weine mit den Standards und legen Sie sich auf maximal drei Aromen fest, die in beiden Weinen anzutreffen sind.
Tragen Sie diese in die Tabellenfelder „gewähltes Aroma“ ein.
D) Quantifizieren Sie nun alle Attribute für jeden der beiden Weine mit den Zahlen 0 bis 9. (0 = „nicht vorhanden“,3 = „schwach ausgeprägt“, 6 = „mittlere Intensität“, 9 = „hohe Intensität“ der abgefragten Eigenschaft; der ausgegebene Standard stellt die maximale Stärke dar. Sollte ein Wein eine vergleichbare Intensität wie der Standard des ausgesuchten Aromas haben, tragen Sie bitte eine 8–9 ein).

	Attribute	Wein A	Wein B
gewählte Aromen			
	süß-saurer Geschmack		
	fruchtiger Geschmack		
	belebender Geschmack		
	vegetabiler Geschmack		
	bitterer Geschmack		

E) Übertragen Sie auf das Spinnendiagramm sowohl die drei gewählten Aromen als auch die erarbeiteten Werte!

Übung 14: Rangordnung und Sensorik

Gegenstand dieser Übung ist die freie Weinbeschreibung unter Berücksichtigung der Rangordnung. Besondere Aufmerksamkeit gilt hier der Dichte und Fülle des Weins. Mehrere Weine werden miteinander verglichen, umfassend beschrieben und in eine Rangordnung gebracht.
Je gleichartiger die Weine von ihren Grundvoraussetzungen sind, umso aufschlussreicher wird das Ergebnis der Verkostung sein.
Mindestbedingungen an die Weine dieser Verkostung sind:

- Weine einer Rebsorte
- ansteigende Qualitäten vom einfachen QbA, über Kabinett bis zur hochwertigen Spätlese
- alle Weine nicht nur aus einem Anbaugebiet, sondern räumlich möglichst nah beieinander gelegen
- maximal zwei aufeinander folgende Jahrgänge, besser: nur ein Jahrgang

Weitere Anforderungen, welche die Vergleichbarkeit entschieden verbessern:

- möglichst aus einer Lage (je näher, umso besser)
- ideal: aus einem Betrieb

Durchführung:

Die Weine werden in willkürlicher Reihenfolge verdeckt eingeschenkt. Die Gläser oder geeignete Unterlagen unter den Gläsern müssen mit dreistelligen Zufallszahlen durchnummeriert sein, bevor die Verkostung und die Rangfolgeerstellung beginnen.

Das Ziel ist es, die Weine nach deren Dichte und Fülle zu ordnen. Dem Körper und Volumen der Weine gilt hier die größte Aufmerksamkeit.

Sobald die Weine geordnet sind, kommt die Beschreibung der Weine in allen Bereichen der Weinsensorik zum Zug.

Übung 14

Sie erhalten vier Weine eingeschenkt. Verschieben Sie die nummerierten Untersetzer mit dem Glas.

A) Ordnen Sie die Weine nach deren Intensität so, dass links der „leichteste" und rechts der „intensivste/dichteste" Wein steht. Tragen Sie die Nummern auf dem Arbeitsblatt ein.

B) Erarbeiten Sie nach der Rangordnung die sensorischen Unterschiede der Weine.
steigende Intensität

Probe Probe Probe Probe

Beschreibung:

Probe 1:

....

....

Probe 2:

....

....

Probe 3:

....

....

Probe 4:

....

....

Service

LITERATURVERZEICHNIS

Altner, H.: Physiologie des Geschmacks/Geruchs. In: Schmidt, R. F. (Hg.): Grundriss der Sinnesphysiologie. Berlin 1980, S. 262–284.

Amerine, M. u. a.: Modern sensory methods of evaluating wine. In: Hilgardia Jg. 1959 H. 28, S. 477 ff.

Bach, H.-P. u. a.: Weinsteinstabilisierung mittels Elektrodialyse. In: Der Deutsche Weinbau Jg. 1999 H. 17, S. 40–47, H. 18, S. 26–29.

Belitz, H.-D. & Grosch, W.: Lehrbuch der Lebensmittelchemie. Berlin 41992.

Bernath, K.: Böckser: Ursachen und Tipps zur Vermeidung. In: Der Deutsche Weinbau Jg. 2001 H. 10, S. 106–110.

Beyer, H. & Walter, W.: Lehrbuch der organischen Chemie. Stuttgart 191981.

Blakeslee, H. F.: Unlike reaction of different individuals to fragrance of Verbena flowers. In: Science Jg. 1918 H. 48, S. 298f.

Boeckh, J.: Geruch. In: Gauer, O. (Hg.): Physiologie des Menschen. Band 2. München 1972, S. 169–204.

Burdach, K. u. a.: Nasal, retronasal and gustatory perception: An experimental comparison. In: Perception & Psychophysis Jg. 1984 H. 36, S. 205–208.

Burdach, K. u. a.: Interindividual differences in acuity for odor and aroma. In: Perceptual and motor skills Jg. 1985 H. 60, S. 723–730.

Burdach, K. & Doty, R.: Effects of tongue movements, swallowing and spitting on retronasal odor perception. In: Physiology & Behaviour Jg. 1987 H. 41, S. 353 ff.

Burdach, K.: Geschmack und Geruch. Bern 1987.

Cooper, R. u. a.: The effect of age on taste sensivity. In: Journal of Gerontology Jg. 1959 H. 14, S. 56 ff.

Corlis, R. u. a.: Myers-Briggs type personality scales and their relation to taste acuity. In: Nature Jg. 1967 H. 216, S. 91 f.

Dittrich, H.: Mikrobiologie des Weines. Stuttgart 21987.

Doty, R. u. a.: Smell identification ability: changes with age. In: Science Jg. 1984 H. 226, S. 1441 ff.

Dozon, N. & Nobel, A.: Sensory study of the effect of fluorescent light on a sparkling wine and base wine. In: American Journal of Enology and Viticulture Jg. 1989 H. 40, S. 265–271.

Eder, R.: Weinfehler: Erkennen, Vermeiden, Beheben. Stuttgart 2000.

Engen, T. & Pfaffmann, C.: Absolute judgements of odor intensity. In: Journal of Experimental Psychology Jg. 1959 H. 58, S. 23–26.

Engen, T. & Ross, B.: Longterm memory of odors with and without verbal descriptions. In: Journal of Experimental Psychology Jg. 1973 H. 100, S. 221 ff.

Fischer, U.: Neue Wege in der Weinansprache. In: Deutsche Weinzeitung Jg. 1995 H. 4, S. 34–38.

Fischer, U.: Sensorik – ein Beitrag zur Objektivierung der Weinqualität. Seminarbericht Wzb. 1995.

Fischer, U.: Die sensorische Beschreibung der untypischen Alterungsnote. In: Der Deutsche Weinbau Jg. 2000 H. 3, S. 16–21.

Fischer, U.: Vokabular des Weingenusses in Kulturgut Rebe und Wein, König und Decker (Hrsg.) Springer Verlag Berlin Heidelberg 2012, 163-172

Fischer-Rizzi, S.: Himmlische Düfte. Aarau 1992.

Geßner, M. u. a.: Durchbruch bei der UTA-Behandlung. In: Das deutsche Weinmagazin Jg. 2000 H. 19, S. 34–37.

Gibel, K.: Weine degustieren – leicht und spielend. München 52001.

Hahn, M.: Die Adaption des Geschmackssinns. In: Zeitschrift für Sinnesphysiologie Jg. 1934 H. 60, S. 105 ff.

Hamauzu, Y.: Odor perception measurement by the use of odorless room. In: Sangyo Kogai Industrial Public Nuisance Jg. 1969 H. 5, S. 718–723.

Harvey, R.: The relation between the total acidity, the concentration of the hydrogen ion and the taste of acid solutions. In: Journal of the American Chemical Society Jg. 1920 H. 42, S. 712–714.

Haslam, E.: Symmetry and promiscuity in procyanidin biochemistry. In: Phytochemistry Jg. 1977, H. 16, S. 1625 ff.

Hatt, H.; Dem Rätsel des Riechens auf der Spur. 2006

Hubert, H. u. a.: Olfactory sensivity in humans: Genetic versus environmental control. In: Science Jg. 1980 H. 208, S. 607–609.

Kiesow, F.: Beiträge zur physiologischen Psychologie des Geschmackssinns. In: Philosophische Studien Jg. 1896 H. 12, S. 255–278.

Koch, H.-J. u. a.: Weinrecht-Kommentar. Frankfurt 42002.

Koch, J. (Hg.): Handbuch der Lebensmitteltechnologie – Getränkebeurteilung. Stuttgart 1986.

Köhler, H.-J.: Überschichtung von Anbruchgebinden mit N2 und CO2. ATW-Bericht 100/1999.

Köster, E.: The human instrument in sensory analysis. In: International Symposium on Aroma Research, Zeist 1975.

Köster, E.: Moderne Sensorik und Psychophysik. ASAP – Seminar 1997.

Kroeze, J.: Mixture suspression in taste. Unveröff. Diss. Universität Utrecht 1982.

Laugrette,F., Passilly-Degrace P, Patris B et al.: CD36 involvement in orosensory detection of dietary lipids, spontaneous fat preference, and digestive secretions. J Clin Invest 115 (2005) 3177-3184

Léglise, M.: Eine Anleitung zur Degustation edler Weine. Lausanne 1985.

LeMagnen, J.: Les phénomènes olfacto-suxuels chez l'homme. In : Archives of Science and Physics Jg. 1952 H. 6, S. 125–160.

Lipsitt, L. u. a.: Olfactory development in children to five years of age. Manuscript Brown University 1975.

Matheis, G.: Geschmack, Geruch, Aroma und Flavor. Holzminden 1994, Dragoco-Bericht, 239 S. 50–65.

Maurer, R.: Geruchsfehler? – Oft hilft Impulsbegasung. In: Das deutsche Weinmagazin Jg. 1997 H. 3. S. 22 ff.

Mengler, H. & Staubach, S.: Harmonie im Wein. Seminarbericht Würzburg 1994.

Mengler, H.: Maßnahmen zu Erhöhung bestimmter Aromen in Müller-Thurgau-Weinen. Seminarbericht Würzburg 1997.

Miltenberger, R. u. a.: Gezielter Nährstoffeinsatz. In: Der Deutsche Weinbau Jg. 2001 H. 15, S. 28 ff.

Mozell, M. u. a.: Nasal chemoreception in flavor identification. In: Archives of Otolaryngology Jg. 1969 H. 90, S. 131–137.

Müller, T.: Kristallstabilität der Weine. In: Das deutsche Weinmagazin Jg. 1997 H. 3, S. 17–21, H. 4, S. 12–24.

Noordeloos, S. & Nagel, C.: Effects of sugar on acid perception in wine. In: American Journal of Enology and Viticulture Jg. 1972 H. 23, S. 139–143.

Peynaud, E.: Die Hohe Schule für Weinkenner. Cham 1984.

Randow, G. von: Genießen – eine Ausschweifung. Hamburg 2003.

Rimmel, E.: Magie der Düfte. Köln 1993.

Schneider, V. & Kreckel, R.: Beschreiben statt Bewerten. In: Das Deutsche Weinmagazin Jg. 1995 H. 9, S. 16–24.

Schneider, V.: Strategien gegen den Böckser. In: Das deutsche Weinmagazin Jg. 2001 H. 19, S. 18–23.

Schreier, P. u. a.: Gaschromatographische Bestimmung der Inhaltstoffe von Gärungsgetränken. X. Quantitative Bestimmung von Weinaromastoffen. In: Chem. Mikrobiol. Technol. Lebensmittel Jg. 1977 H. 5, S. 45–52.

Skramlik, E. von: Handbuch der Physiologie der niederen Sinne. Band I. Leipzig 1926.

Stein, M. u. a.: A study of the developement of olfactory preferences. In: American Medical Association of Neurological Psychiatry Jg. 1959 H. 50, S. 264–266.

Steiner, J.: Oral and facial innate motor response to gustatory and to some olfactory stimuli. In: Kroeze, J. (Hg.): Preference behaviour and chemoreception. London 1979, S. 247–262.

Stempfl, W.: Bierflavour und Geschmacksstabilität. In: Brauindustrie Jg. 1994 H. 4, S. 830–838.

Strauss, C. u. a.: Role of monoterpenes in grapes and wine flavor. In: Parliament, T. u. a. (Hgg.): American Chemical Society Symposium 1986.

Stübler, E.: Qualitätsansprüche an Lebensmittel aus der Sicht des Verbrauchers. In: Deutsche Lebensmittelrundschau Jg. 1968 H. 64, S. 349–356.

Teschke, M.: Böckserbildung – ein seriöses Problem. In: Das deutsche Weinmagazin Jg. 2000 H. 20, S. 22–25.

Troost, G.: Technologie des Weines. Stuttgart 61988.

Wittling, W.: Einführung in die Psychologie der Wahrnehmung. Hamburg 1976.

Würdig, G. & Woller, R.: Chemie des Weoines. Stuttgart 1989.

REGISTER

DIE AUTOREN

Hermann Mengler, Dipl.-Ing. (Oen.)

Stefan Kraus, Techniker für Weinbau und Kellerwirtschaft

Die Tätigkeit der beiden Autoren bei der fränkischen Weinprämierung und der Bundesweinprämierung sowie Hermann Menglers Arbeit als Bevollmächtigter der fränkischen Weinprämierung und die Geschäftsführertätigkeit bei der amtlichen Qualitätsweinprüfstelle sind wichtige weinsensorische Betätigungsfelder. Studienreisen, nationale und internationale Weinverkostungen sowie ein fünfmonatiges Praktikum an der Universität von Kalifornien/Davis haben die Kompetenz von H. Mengler gestärkt.

Seit 1995 führen die beiden Fachberater mit großer Resonanz Sensorik-Seminare durch. Während in den ersten Jahren bei den Seminaren überwiegend Fachpublikum anwesend war, hat sich dieses Bild zugunsten eines steigenden Anteils interessierter Weinfreunde verändert. Zusammen mit weiteren Seminarreihen zu Themen der Weinsensorik und dem Engagement bei der beruflichen Aus- und Weiterbildung schafft das die Grundlagen, die in dieses Buch eingeflossen sind.

BILDQUELLEN

Alle Fotos stammen von den Autoren.
Zeichnungen und Grafiken fertigte Cornelia Schwingenschlögl, Graz nach Vorlagen der Autoren

Die in diesem Buch enthaltenen Empfehlungen und Angaben sind von der Autorin/vom Autor mit größter Sorgfalt zusammengestellt und geprüft worden. Eine Garantie für die Richtigkeit der Angaben kann aber nicht gegeben werden. Autorin/Autor und Verlag übernehmen keine Haftung für Schäden und Unfälle. Bitte setzen Sie bei der Anwendung der in diesem Buch enthaltenen Empfehlungen Ihr persönliches Urteilsvermögen ein.
Der Verlag Eugen Ulmer ist nicht verantwortlich für die Inhalte der im Buch genannten Websites.

Bibliografische Information der Deutschen Nationalbibliothek
Die Deutsche Nationalbibliothek verzeichnet diese Publikation in der Deutschen Nationalbibliografie; detaillierte bibliografische Daten sind im Internet über http://dnb.d-nb.de abrufbar.

Wollgrasweg 41, 70599 Stuttgart (Hohenheim)
email: info@ulmer.de
Internet: www.ulmer.de
Lektorat: Sabine Grobis, Anna Häusler
Herstellung: Thomas Eisele
Satz: primustype Hurler GmbH, Notzingen
Druck und Bindung: Friedrich Pustet, Regensburg
Printed in Germany

ISBN 3-978-8001-0325-6